賢い子はスマホで何をしているのか

石戸奈々子

日経プレミアシリーズ

プロローグ　子どもにスマホは悪ですか？

「子どもにスマホを触らせる＝育児放棄」という誤解

「子どもにスマホをもたせても大丈夫でしょうか？」

保護者の方々から受ける質問で、もっとも多いもののひとつです。ケータイ時代からずっと同じ質問をされてきました。子どもとデジタル機器の関係をどう考えればいいか。親御さんたちの悩みが深いことを実感します。

その背景にあるのは、ケータイ悪玉論・スマホ悪玉論が次から次へと現れてくること。スマホの危険性を訴えて全否定する論調が絶えません。それを聞いて不安になる気持ちは、わからなくはないのです。

でも、私は正直、「使ってもいい」「使ってはダメ」の二択で語られていることに、ものすごく違和感をもっています。大人だって、スマホを見すぎたら目が悪くなるし、時間も奪われる。詐欺にあう人もいれば、スマホ依存になる人もいます。それでも、そうしたデメリットをはるかに上回るメリットがあるから、ここまで愛用されているわけです。

いかにすればデメリットを極限まで減らし、メリットを極限まで増やせるか？　そう発想するのが大人の知恵です。決して「リスクがあるから全否定」とはならない。

子どもにスマホやタブレットを使わせることについても、同じように考えないほうが不自然だと思うのです。リスクがゼロかと問われたら、問題点はあるでしょう。でも、メリットだってすごく大きい。「どうすればリスクを極限までおさえ、デジタルを活用して大きな教育効果を上げられるか」という議論に時間を割くほうが生産的です。

もちろん私も、子どもにスマホだけ与えて、何時間も放置するようなことには大反対です。でも、反対する理由は、それが育児放棄を意味するからであって、スマホが悪いと考えるからではないのです。そこを分けて考えないといけません。子育てをスマホに丸投げすることと、スマホを活用することとは、まったく別問題です。

本書で具体的に見ていきますが、スマホやタブレット、パソコンは非常に有効な学習ツールですし、親子のコミュニケーションツールとしても有効です。要は、どういうコンテンツを選び、どういう使い方をするかなのです。

私の子どもは0歳のときからタブレットに触っています。いろんなアプリで勝手に遊ぶうち、教えてもいないのにひらがなや足し算を覚え、小学校に入る前には都道府県の大半を言えるようになっていました。

あるとき、「ねえ、ママ、知ってる？　モンゴルじゃあ、サインバイノーって挨拶するんだよ」と、世界各国の言葉で「こんにちは」を言い出したときは、さすがに唖然としました。大人の私も知らない知識を、幼児がひとりで身につけたのですから。学習ツールとしていかに効果的なものか、わかっていただけると思います。

ここまでメリットが大きいなら、利用しない手はありません。あとは、いかにデメリットを減らしていくかだけです。

たまにはスマホに丸投げでいいじゃないか

日本小児科医会の「スマホに子守りをさせないで」というポスターを見て、不安をつのらせている親御さんも多いでしょう。教育熱心で、情報をたくさん収集している良心的な親ほど、悩みは深い印象があります。

ただ、ポスターをよく読んでみると、医学的エビデンスは何も書かれていません。では、どうして日本小児科医会はスマホ子育てを否定するのでしょうか？

ポスターには、親子のコミュニケーションが大切なこと、絵本の読み聞かせなど親子で一緒に過ごす時間が大切なこと、外遊びや運動も大切なこと、デジタル機器とばかり向き合っていては親子の会話の時間が減ってしまうこと……などが並んでいます。

でも、ちょっと待ってください。これらはスマホ子育てと両立しないことでしょうか？タブレットで一緒に遊べば親子の会話は増えますし、外遊びにスマホを活用することだって簡単にできます。図鑑のようなアプリを使えば、これまでの単なる外遊びを、さらに深い学びの場に変えることができる。

要は、日本小児科医会は「スマホに丸投げしてしまうのはダメだよ」と言っているにすぎないのです。私が「育児放棄としてのスマホ子育て」に反対しているのと同じこと。このポスターを見て「子どもにスマホを使わせちゃ医学的に危険なのかな？」と誤解してしまう親が少なくないという意味で、罪は深いと思います。

逆に、乳幼児にスマホで遊ばせると情緒的発達をうながす、という研究もあります。専門家にも賛否両方の意見がある。要は、スマホが子どもに与える影響について、確定的なことは現時点で何も言えないのです。

スマホにまかせっきりにすることに関しても、私は否定的だといっても、ときには認めたほうがいいとすら考えています。10分20分なら、なんの問題もないはず。「お母さん、すごく疲れちゃったから、ちょっとのあいだだけスマホを見ててね」さえ許されないとしたら、保護者の息がつまってしまいます。

核家族化が進み、昔のように子どもの面倒を見てくれるおじいちゃん、おばあちゃんはいません。しかも、専業主婦はどんどん減り、働くお母さんのほうが多数派になりました。仕事も家事も、子育てもやらなきゃいけないなかで、短時間、スマホにまかせっきりにすることすら否定されたら、親の側がパニックになりかねません。

精神的に追い詰められた親が、キーッとなって子どもに当たり散らすよりは、スマホに一息つかせてもらうほうが、よっぽどいい。精神的な余裕ができれば、それだけ愛情をもって子どもに接することができるのですから。それぐらい大らかな気持ちでスマホと接すればいいのだと考えています。

ゼロリスク以外は否定される教育現場

毎年、交通事故で50万人前後の死傷者が出ますが、それを理由に「自動車みたいに危険なものが、街を走っているのは許せない。使用禁止にせよ！」と叫ぶ人はいないと思います。包丁で指を切るのは日常茶飯事ですが、「こんな危険物がどこでも入手できるなんて、けしからん！」と怒る人もいないでしょう。

食の安全・安心に敏感なお母さんのなかには、塩素系漂白剤の「混ぜるな危険」という表示を見て、「そんなに危ない塩素が水道水に入っているなんて、なんか気持ち悪い」と感じる人がいるかもしれません。でも、そんな人だって、水道水の残留塩素は人体に影響がないぐらい微量であること、塩素消毒しなければコレラや赤痢、腸チフスといった感染症にかかりかねないことを説明されれば、納得するはずです。

要は、この世にリスクがゼロなんてものは存在しないのです。メリットとデメリットをはかりにかけて、メリットのほうが大きければ、それを使う。ただし、デメリットを極限まで減らす方法だけは徹底的に考える――。そういう風に社会は動いている。

ところが、なぜか教育に関しては、リスクがゼロでないと許せない人が多い印象がありま す。少しでもリスクがあると全否定されてしまう。

例えばクラウド問題。一般社会ではもはやクラウドで情報を管理するのが常識ですし、文部科学省も「クラウド・バイ・デフォルト」といって、クラウドを活用することで効率的なICT環境を整えるよう呼びかけています。

でも、実際には、自治体に個人情報保護条例があって、学校は子どもたちの学習データをクラウドにアップできない。情報漏洩の恐れがあるというのです。

じゃあ、クラウドに上げなきゃ安全なのかというと、データの入ったUSBを先生が紛失する事件がたびたび起きています。東日本大震災では学校が津波で流されて、子どもたちの大切なデータがすべて消失してしまいました。アナログに管理したってリスクは存在するのだ、という点が完全に忘れられている。

もう「銀行預金が安全か、タンス預金が安全か」みたいな話です。銀行は倒産するリスクがある。タンス預金は盗難にあうリスクがある。どちらにもリスクは存在するのです。むしろ、銀行が倒産した場合に預金を保護する仕組みさえ用意しておけば、前者のほうがリスクは低くなります。

にもかかわらず、「これまでずっとタンス預金でやってきた。新しく登場してきた銀行なんて信用できない」と言っているのが、クラウド問題の本質だと思います。

クラウドのセキュリティ技術はどんどん進化しているのに、そこを見ずに、「新参者はうさんくさい」という理由だけで、リスクの存在を過剰に騒ぎたてる。その結果、「なじみ深いタンス預金のほうが安全だ」という、おかしな結論になってしまう。

日本の先生たちは真面目で熱心で、世界的に見ても非常に優秀だと思います。でも、周囲の無理解のせいで、そのポテンシャルを十分に発揮できずにいる。学習データを効率的に活用できれば、もっと一人ひとりに合わせた教育が可能になるのです。先生たちのためにも、子どもたちのためにも、冷静な議論が必要だと思います。

デジタルとアナログは対立するものではない

私はCANVASというNPOを立ち上げた2002年から、新しいテクノロジーを使って子どもたちの創造力や表現力を高める活動を続けてきました。

その一方で、その活動を国のレベルにまで広げるために、デジタル教科書やプログラミング教育の導入を目指し、政府の委員などもつとめてきた。NPOの活動だけでは限界があると感じたからです。

その過程で多くの有識者たちと協議したのですが、議論になる前に終わってしまうことが多くて疲弊しました。

これからの教育にはデジタルが重要だと言うと、必ず「じゃあ、アナログは要らないのか!」と反対される。いやいや、デジタルにもアナログにも一長一短があるから、ケースバイケースで使い分ければいい話です。アナログを全否定しているわけじゃない。

アナログにだって短所があるという点を見ずに、新参者のデジタルだけ「うさんくさい」と否定するのは不自然だ、と言っているのです。

創造力が重要だと言うと、「じゃあ、基礎学力は必要ないのか!」と返ってくる。いやいや、基礎学力も必要です。いままでの教育は、大量の知識を覚えることに力点が置かれてきた。でも、知識を覚えることではAIに絶対に勝てません。だから、AIにはできない創造性を育むことにも力を入れてはどうですか、と言っているだけ。

ところが「基礎学力＋創造力」ではなく、「基礎学力vs.創造力」という二項対立にもっていかれる。こうした二項対立の発想は、どんなテーマを議題に載せたときも、よく登場してきました。

当たり前のことを、当たり前にやる——。本書でたびたび言及すると思いますが、私が日本の教育にもっとも求めるものはそれです。

「外遊びか、スマホか」の二択にひそむ矛盾

私はデジタル万歳派ではなく、「デジタルもアナログもバランスをとって、最適な組み合わせを考えましょう」派なのですが、そこがなかなか理解されません。

決して「外遊びか、スマホか」の二択ではないのです。「スマホを活用すれば、外遊びの価値はこれまで以上に上がりますよ」という話なのです。

とにかく頭ごなしに否定されがちで、「どうして、変わることをここまで恐れるんだろう?」と不思議に感じました。いまにして考えれば、反対する人たちには、最新技術をよく知らな

いがゆえの不安も大きかったのでしょう。

デジタル教科書を導入しようと言うと、こんな反対意見が出てきます。

「これまでなら先生が『242ページを開いて』と言ったら、すぐ開けた。でも、タブレットだと、242ページぶんスクロールしなきゃいけないじゃないか。そんなに画面を見つめ続けたら、子どもの目が悪くなる！」

それって、いつの時代の話ですか。むしろデジタル教科書のほうが242ページへ一瞬でジャンプできるのに、そのことを知らない。

「紙のほうがいいよ。ページの端っこにパラパラ漫画を描く醍醐味がある」なんて反対意見もありました。でも、パラパラ漫画なら、デジタルのほうがもっと立派な、もうアニメーションに近いものが、子どもでも簡単に作れます。

なかには「教科書って、紙の匂いがいいんだよね」と反対する人までいました。「うーむ……」という感じですが、そこまで紙の匂いが好きだというなら、それをデジタル上で再現する技術だって、もはや実現しつつあります。

要は、最新のデジタル事情を知らないのです。知ったうえでの反論であれば議論もできるのですが、会話がかみ合わないことのほうが多かった気がします。

機械に置き換えられない仕事を考える

まあ、知らないものに不安を抱くのは当然のことです。この本を手にとっておられる親御さんのなかにも、こんな不安を抱えた方は多いのではないでしょうか。

「近い将来、ほとんどの仕事がＡＩに奪われるっていうけど、その頃、大人になるこの子は、いったいどんな職業につくんだろう？　どんな能力が求められるんだろう？　そのために、いま何を学ばせておくべきなんだろう？」

まったく正しい不安だと思います。

ただ、残念ながら、専門家ですら、未来を正確に予想できる人はいません。いきなり期待を裏切るようで恐縮なのですが、その答えは、それぞれが考えるしかありません。私自身にもわからないのですから。

でも、現在の状況を知れば、だいたいの方向性は見えてきます。ＡＩ時代に求められる能力だって、なんとなくは予測できる。要は、「機械には置き換えられない仕事とは何か？」

と考えていけばいいわけです。

そこで、この本では、いま教育がどのように激変しているのか、その先に待つ「まったく新しい学び方」はどんなものになるのかを解説し、考えるためのヒントを提供したいと思っています。結論を出すのは読者のみなさんだとしても、そのときに役立つヒントならふんだんに用意できます。

第1章では、いま世界中の学校で起きている革命的変化について紹介したいと思います。なぜみんな教育のデジタル化を急ぐのか？　日本ではプログラミング教育の必修化はプログラマー育成のような誤解を招くことがありますが、プログラミングはこれまでの学び方を根底から変えるものだから導入するのだ、という点を説明したいと思います。

第2章では、「プログラミング教育が小学校で必修化されたけど、いったいどんなことを教えているの？」という疑問に答えたいと思います。自分が経験していない授業を、子どもたちが受けている。親にとって、こんな不安はないでしょうから。もちろん、なぜすべての子がプログラミングを学ぶ必要があるのか、も説明します。

第3章では、「デジタルにしかできないことは何か？」を考えたいと思います。具体的な授業例を紹介すれば、その長所と短所が見えてくるので、アナログとどう使い分ければいいかもわかるはずです。これからの教育にはデジタルが不可欠なことを納得していただけると思います。

第4章では、親御さんからよく聞かれる「何歳からスマホをもたせていいの？」「何時間までならOKなの？」といった質問に答えたいと思います。ここで扱うのは学校ではなく、家庭におけるデジタル教育の問題。幼児からデジタルで学ばせるとして、どんなアプリがあるのか、といった具体論もやります。

そして第5章。いまの私の最大の関心事ですが、この先、学校はどう変わっていくか、学ぶという行為はどう変わっていくか、という未来像を語りたいと思います。私は「もう大学なんて必要なくなる」と考えていますが、この先に待ち受ける学びの形を知れば、親の側の心構えも変わってくるはずです。

この本が、悩めるお母さん、お父さんたちの不安を少しでも取り除けたら、そんなに嬉しいことはありません。

目次

一人1台のラズベリーパイを使ったプロジェクト
輪ゴムが5万本なら、どうなると思う？
作曲をしたり、演劇を作る小学生
音楽や図工にデジタルはより向いている
短歌をアニメにしてみよう
クイズ形式にすることで、主体的に学ぶように
映像で見るほうが理解しやすい
「ゲームで遊ぶ子」から「ゲームを作る子」へ
自分のレベルに合わせられる漢字ゲーム
子どものうちからチームで動くことの意味
古典映画をリミックスして新しい作品を生み出す
ソーシャル意識が高い現代の子どもたち
小学6年生が作る点字翻訳ソフト
「交通事故が起きない交差点」のシミュレーター

第1章

なぜ世界の学校はデジタル化を急ぐのか

「読み、書き、プログラミング」の時代

暗記の価値が落ちる時代

子どもの授業参観で、何十年ぶりに小学校へ足を踏み入れます。教壇に立つ先生が黒板にチョークで何か書き始めると、「ああー。変わらないなあ」と、なつかしい気持ちになる親御さんも多いでしょう。

でも、ちょっと待ってください。それって、なんか変ではないですか？　大人は仕事でパソコンを使わない日がありません。紙の書類を書く機会も減り、「漢字が書けなくなっちゃった」なんて嘆きもよく耳にします。最後にチョークを触ったのって、いったいどれぐらい前でしょうか？

にもかかわらず、学校では、自分が子どもだった頃と変わらない光景が見られる。いまだに先生の道具は黒板とチョーク、児童の道具はノートと鉛筆です。こうした光景のなかに、いまの教育現場の矛盾が現れています。

実は私は「教育」という言葉が、あまり好きではありません。「教え、育てる」という表現には、先生から子どもへ一方通行で知識を受け渡すニュアンスがあるからです。

これまでの時代は、それでよかったのかもしれません。産業革命後の工業社会では、画一的なものを大量に生産する能力が求められた。やることが決まっているのですから、あまり考え込まず、自分を消して歯車になるほうが効率的です。

そのための人材を育てる場所として生まれたのが、近代の学校でした。日本では明治維新後に導入されましたが、欧米ではもう少し前に生まれている。

正解が決まっているなら、いかに迅速にそこへたどり着けるかの勝負になります。だから学校では、より多くの知識を覚えることに力点が置かれた。「暗記科目」なんて言葉が象徴するように、知識をとにかく詰め込むことが重視されたのです。

でも、もうそんな時代ではありません。ＩＣＴ革命後の情報社会では、工業社会とまったく違う能力が求められるようになっています。

知らないことが出てきても、インターネットで検索すればすぐに答えが見つかるのは、読者のみなさんも実感されていると思います。「知識を大量に覚えていること」が、かつてほどは価値をもたなくなったわけです。

しかも、近年のＡＩの発達は、事務仕事を人間から奪いつつあります。コンピュータにまかせたほうがはるかに速く、はるかに正確にこなしてくれるのですから、当然の話でしょう。すでにアマゾンの倉庫ではほぼ機械しか働いていない。あの光景が、これからすべての業種に広がっていきます。

つまり、これまで学校で高い評価を受けてきた「誰よりも速く計算する能力」や「誰よりもたくさん覚える能力」は、価値を失いつつあるわけです。

決まった正解がない時代を生きる子どもたち

さらに重大な変化が、「決まった正解」がなくなってしまったことです。

ＩＣＴ技術が加速度的に進化することで、社会が変化するスピードもどんどん速くなっています。これからは人類の誰も経験したことのないシーンに直面する毎日になる。誰も経験していないのですから、正解を知る人はいません。その都度、それぞれが「正解は何かな?」と考える必要があります。

ときには正解が存在しないケースもあるでしょう。となると、拙速に答えを求めず、結論をペンディングする判断力だって必要です。ぐずぐず悩んでいるように見えても、結果的にはそちらのほうが賢明な決断になる。これまでは「早く正解を言え！」と急《せ》かされましたが、これからは「そんなに早く結論を出すな！」と叱られるのかもしれません。

つまり、これから大人になる子どもたちには、予測不能な出来事に対して、臨機応変に対応する能力が求められるわけです。そして予想不能な出来事に出合う頻度は、これまでと比較にならないほど増えていく。

学校で学んだ知識だけで一生、通用する時代なら、暗記重視でもよかったでしょう。でも、これからの時代、学校で学んだ知識などすぐ陳腐化してしまいます。だから、社会の変化に合わせて、卒業後もずっと学び続けないといけません。

大人になっても学ぶ。学んでも、学んでも、それが終わることはない。まさに「生涯学習」の時代に突入したわけです。

そんな時代に求められるのは、学び続ける能力です。嫌々やるのでは、学び続けることは難しい。学びが楽しいと感じられないと無理でしょう。これまでとは比較にならないほど本人の「主体性」が重要になるということです。

学校に求められることも当然変わってきます。そこは一方的に知識を授ける場から、「学び方を学ぶ」場に変わったほうがいいのです。学び方さえ知っていれば、卒業後も自分で学び続けることができる。これからは「何を学んだか」以上に、「学び方を知っているかどうか」が重要になる。

だから私はなるべく「教育」ではなく、「学習」という言葉を使うようにしています。「学び、習う」なら、主体的に動いているニュアンスが出せますから。

MITメディアラボとの出合い

まあ、便宜上、教育という言葉を使わざるをえないシーンも多いので、本書でも使用しますが、私はいわゆる教育畑の出身ではありません。正直に言うと、大学生ぐらいまでは教育にあまり興味もありませんでした。

私の小さな頃からの夢は、宇宙関連の仕事につくこと。だから、航空宇宙学科のある大学にしか進まないと決めていました。

ただ、実際に大学に入ると、デジタル関連へ関心が移っていきます。同じ未知の世界を探究するのでも、宇宙はすでに存在する世界を調べますが、デジタルはいま存在しないものを創り出すわけで、そちらのほうがロマンを感じたのです。

だから、迷ったすえ、航空宇宙学科ではなく、ロボットの教示システムを研究する道を選びました。ロボットが自分で状況判断してスムーズに動けるよう、画像解析させる研究です。ハードもソフトもやりました。

でも、結局はロボットの研究者になることもありませんでした。大学3年生のとき、運命的な出合いをしたからです。「MIT（マサチューセッツ工科大学）メディアラボ」を紹介したビデオを授業で見て、ひとめ惚れしてしまったのです。

メディアラボは1985年の創設以来、「テクノロジーが未来をどう変えるか」というビジョンを打ち出し続けてきた研究機関です。ホログラフィー、ウェアラブルコンピュータ、バーチャルリアリティ、AI……。いまでは子どもでも知っているこうした技術も、多くがメディアラボで生まれています。

コンピュータ工学、物理学、生物学、教育学、心理学、音楽、ネットワーク、ソフトウェア、映像、デザイン、ナノテクノロジー、バイオテクノロジー……。専門はさまざまですが、世界最高峰の学者が30名ほど所属しています。

「均質な社会は創造のさまたげになる」の哲学

まず、その建物に魅了されました。設計者は、パリのルーブル美術館の「ガラスのピラミッド」で有名なI・M・ペイさん。日本の大学のイメージとは全然違い、まるでアトリエのような明るく開放的な空間が広がります。会議室も個室もすべてガラス張りです。人間の発想力を刺激する空間に惹きつけられました。

「均質な社会、同質な思考法は、多様な創造力のさまたげとなる」

これがメディアラボの哲学なので、世界中からさまざまな人を受け入れる。スポンサー企業の人たちもときに議論へ加わります。メディアラボは産学連携の成功例として有名で、世界の130社を超える企業や団体がスポンサーになっているのです。

世界中から集まった学者、研究員、学生、スポンサーが、ファーストネームで呼び合うフラットな関係のなか、真剣な議論をおこなっている。

ひらめいたアイデアをすぐ形にできるよう、ありとあらゆるツールや素材も揃えられています。いま存在しないものを創り出したいと願う人間にとって、こんな理想的な場はありません。「私が行くのはメディアラボだわ！」と思ったわけです。

幸い、客員研究員として採用されることができたので、卒業後すぐ、メディアラボのあるボストンへ渡りました。

メディアラボでは、学生にも給料が出ます。客員研究員である私も給与をもらいつつ、時間的余裕もあるので、世界中のチルドレンズ・ミュージアムを見て回ったりして、友人からは「遊学じゃないか」と笑われました。

実は私が教育の大切さを意識するようになったのは、このときからなのです。

新しいテクノロジーが、いかに人間のライフスタイルや社会を変えていくのか？　それがメディアラボの多様な研究の基層に流れるテーマですが、なかでも教育の分野には力を入れていました。「デジタルの恩恵をもっとも受けるのは、途上国と、子どもたちである」と考えているからです。

学校は150年前と何も変わっていない

私がメディアラボでもっとも影響を受けた学者の一人で、この分野を長く牽引してきたのが数学者・教育学者のシーモア・パパート教授。こんな発言をしています。

「19世紀の外科医が現代の手術室にやってきても、何ひとつ仕事ができないだろう。それぐらい医学は進化した。でも、19世紀の教師がやってくるなら、なんとかやっていけるはずだ。教授法はこの150年間、変わっていないからだ」

科学技術は驚くべきスピードで進化し、それにともなって社会も変化している。にもかかわらず、学校のあり方だけは、近代が始まった頃と基本的に変わっていない。そんな強烈な危機感が感じられる言葉です。

ちょっと難しい言葉を使うと、「教示主義から構築主義へ」という提起をパパート教授はしています。

150年前から続く、従来型の教育が教示主義。先生から子どもへ一方的に知識を伝える方式です。

でも、これからの時代は、子どもが主体的に動いて、それぞれが面白いと感じるものを追求し、結果的に知識が身につくような形に変わるべきだ。パパート教授はそう考えました。自分自身で構築していくという意味で、それを構築主義と名づけた。

興味をもつことに没頭しているとき、学習効果はもっとも上がる――。パパート教授はそう確信していました。自身も小さな頃から歯車で遊ぶのが大好きで、夢中で遊んでいるうちに、足し算や割り算はおろか、微分積分のような抽象的な概念にまで一人でたどり着いてしまったそうです。

とはいえ、すべての子どもが歯車に対して、自分と同じぐらいの愛着を感じるとも思えません。「すべての子どもにとっての歯車とは何だろう？」と悩んだすえ、コンピュータにたどり着いたといいます。

コンピュータは何でもモデル化してシミュレートできます。どんなものでも作ることができる。だとすれば、コンピュータをツールとして使うなかで、それぞれの子どもが「自分に合った歯車」を発見できるのではないかと。

そこで、子どもたちが試行錯誤しながら問題を考えたり、解いたりできるよう、まったく新しいプログラミング言語「ＬＯＧＯ」を開発するのです。

ＬＯＧＯ言語が開発されたのは１９６７年のこと。私がメディアラボに行ったとき、パパート教授はまだ現役でしたが、そんなに長いあいだ「いまの教育のままでは未来がない」と奮闘されてきたわけです。

世界最高の知性が「学び方」を変えようとしている

ＬＯＧＯ言語を「スクラッチ」というプログラミング言語に発展させたのもメディアラボの学者で、ミッチェル・レズニック教授。スクラッチの開発は２００６年ですが、いま日本も含め、世界のプログラミング教育でもっとも使われている言語です。

レズニック教授はパパート教授の弟子で、学習科学の専門家です。自分のプロジェクトを「ライフロング・キンダーガーテン」と名づけていました。

生涯を通じて学び続ける。しかも、幼稚園児のように学ぶ――。この発想には衝撃を受けました。

言われてみれば、幼稚園児の学びには、これから目指すべき学びのヒントがあふれています。それぞれ、自分が好きなことだけをやっている。嫌いなことはやらない。にもかかわらず、あらゆる遊びのなかから、必ず何かを学んでいる。

幼児は、自分が楽しめることにしか興味をもたないので、主体性にあふれています。しかも、友だちの誰かが面白そうなことをやっていたら、自分も躊躇《ちゅうちょ》なく参加する。いわゆるプロジェクト型学習でもあるのです。

本来、遊びと学びは一体のものだということが、よくわかります。これこそ構築主義の学びでしょう。

ところが、小学校に入ったとたん、1時間も「席についていなさい」と強要される。授業中に歩き回ると、先生に叱られます。何か面白いことを発見しても、授業中に友だちに話すと「黙っていなさい！」と制止される。興味のない話を先生から一方的に聞かされて、ノートをとるように言われる。

子どもたちはある日突然、教示主義の世界に放り込まれるわけです。ここまでギャップが大きいと、戸惑う子がいて当然でしょう。

しかも、教示主義の教育法は工業社会には通用しても、情報社会では通用しません。それがわかっているにもかかわらず、子どもたちはいまだに150年前と同じような苦行を強《し》いられているわけです。

だからこそ、メディアラボの教授たちは、構築主義にもとづく新しい学び方を生み出そうと躍起になりました。自分が好きなことだけを追求しながらも、結果としては、詰め込み教育より効果が上げられる学び方です。

子どもが没頭する「おもちゃ」としてのコンピュータ

ここで重要なのは、パパート教授にとってもレズニック教授にとっても、新しい学び方を生み出すことが目的なのであって、プログラミング言語はそれを実現するための手段にすぎないということ。子どもが没頭できる新しい「おもちゃ」として、コンピュータを利用できないかと考えたのでしょう。

子どもが没頭するツールは、べつにプログラミングに限らないと思います。ほかのものであってもいい。

ただ、試行錯誤が簡単だったり、作品を共有することが簡単だったり、チャレンジするときの敷居を劇的に下げてくれたりする点で、デジタルには大きなアドバンテージがあると私も考えています（これについては第3章や第4章で説明します）。

そうした学び方が定着するには、子ども一人に1台のパソコンがあるのが理想的です。万

子どもが何かに没頭しているとき、学習効果はもっとも高くなる

人の学びとして普及させていくには、すぐれたプログラミング言語を作るだけでは不十分で、環境面も整備しないといけない。

そこでパパート教授に啓発されたメディアラボのアラン・ケイ教授は、ダイナブック構想を発表しました。「パソコンの父」とも呼ばれる計算機科学者・教育学者です。

ダイナブックは本のようにもち運べる小さな情報端末で、ネットワークにつなげることも構想されていました。このアイデアがスティーブ・ジョブズに影響を与え、のちにマッキントッシュを生み出すのです。

とはいえ、ダイナブック構想が出されたのは１９７２年のこと。そうした小さな情報端末が普及し、安価になるまでには、そこからだいぶ時間を要しました。一人1台構想が実現するのは、21世紀に入ってからです。

それを実現に移したのも、またメディアラボでした。メディアラボ初代所長のニコラス・ネグロポンテ教授が「OLPC（ワン・ラップトップ・パー・チャイルド）プロジェクト」を発表しましたが、プロジェクトが始まったのが2001年。まさに私がメディアラボに初めて足を踏み入れた年のことでした。

デジタルネイティブ世代にしかできない仕事

それまで教育にほとんど関心のなかった私ですが、「世界最高の知性が、こぞっていまの教育のあり方を問題視し、新しい学び方を生み出そうと奮闘しているのか！」と、強烈な印象を受けました。「大人になっても幼稚園児のように学べ」というメッセージも、ものすごく新鮮に聞こえた。

デジタルなら、いま存在しないものを創り出せると考えた話はしました。でも、デジタルの技術は加速度的に進化しています。現在の技術の延長線上にはない、まったく新しいもののを生み出せるのは、私のように大人になってからデジタルに接した世代ではなく、生まれながらにデジタルに接するデジタルネイティブ世代ではないのか？　彼らの教育って、ものすごく重要なんじゃないか？　そう考えるようになりました。

例えば私がロボットの研究者になって大学や企業に就職し、世界最先端の研究をするとします。もちろん、それでも新しいものは生み出せるかもしれません。でも、一人でやるぶんには社会的インパクトが限られている。

一方、いま存在しないものを創り出すデジタルキッズを大勢育てられたら、社会的インパクトは比較にならないほど大きくなります。だから、子どもたちを刺激する場を作りたいと考え始めました。

人生の時間は限られています。自分自身が作ることにこだわるのではなく、作る人を生み出す「場を作る」。そちらに時間を割くほうが有意義な気がしました。その場がメディアラボのように開放的で、創造力を刺激する場であれば、さらにいい。

生意気ですが「日本にメディアラボを作りたい！」と思ったのです。

日本でＮＰＯ法人「ＣＡＮＶＡＳ」を立ち上げたのは、メディアラボに行って半年後。ほんの半年前まで教育に興味もなかったのに、突然、子どもたちの創造力や表現力を育む活動に取り組むことになったわけです。

どんな職業の人にもプログラミングが必要になる

ここまでメディアラボの話を延々としてきたのは、理由があります。２０２０年は日本の教育にとって「デジタル教育元年」といっていい年になりましたが、その背景にあるものを知ってほしかったからです。

プログラミング教育が必要だと言うと、必ず「うちの子をプログラマーにするつもりはない」という反応が返ってきますが、そんな話ではないのです。

これからの時代、野球選手であっても、コックさんであっても、大工さんであっても、コンピュータと無縁ではいられません。どんな職業の人でも、機械にどんな指示を与えれば、自分の仕事をサポートしてくれるかを知っておく必要がある。プログラミングは万人に必要な基礎教養だということです。

子どもが身につけるべき基礎教養は、かつては「読み、書き、そろばん」と言われました。

いまや計算はコンピュータがやってくれますので、「読み、書き、プログラミング」が重要になってくるわけです。

そして何より強調しておきたいのは、学校にプログラミング教育を導入する目的が、単にプログラミングを学ばせることではない点。パパート教授やレズニック教授が考えたように、それがこれまでの学び方を一新させる可能性があるからなのです。

レズニック教授はこう語っています。

「最新のデジタル技術が、子どもたちの学び方を抜本的に変える。デジタル革命は世界規模での学習革命を可能にする」

これまでの教育システムでは、情報社会を乗り切れない。新しい学び方のカギはデジタルにある――。そうした考え方はアメリカだけでなく、世界中で共有されています。

日本は世界に取り残されていた

実際、世界各国の取り組みは早かった。イギリスでは2014年から、5~14歳の子どもを対象に週1時間、コンピューティングの授業を始めています。アメリカでもオバマ大統領の時代にプログラミング教育の導入を決めています。

アジアも負けてはいません。例えば韓国は、早くも2010年には「2013年までに一人1台環境を実現する」と目標設定したぐらいなのです。シンガポールの動きも、同じぐらい早かった。日本より7〜8年は先を進んでいました。

一方、日本はOECD加盟37カ国を対象にした「教育分野におけるICT利用率ランキング」(2018年)で、最下位でした。パソコン1台当たりの児童・生徒数は、2019年ですら5・4人に1台。教室の無線LANも34・4%しか導入されていなかった。圧倒的にデジタル教育後進国だったのです。

世界中の国々が「いままでの教育法ではダメだ」と危機感を抱いて、学校のデジタル化に取り組んでいるのに、日本の教育界だけはなんだかんだと理屈をつけてデジタル化を拒み、世界の潮流に取り残されてきたわけです。

教育のデジタル化とは、学び方を根底から変えるための手段なのだという点が、日本ではあまりに理解されていなかった。だからこそ私は、提唱者であるメディアラボの学者たちの考え方をくわしくご紹介したかったわけです。

学校を変えなくては広く届けられない

CANVASが活動をスタートしたのが2002年。アニメーション制作や映画作り、ロボットの製作、作曲など、新しいテクノロジーを生かした子どものための創作ワークショップを、全国各地で開いてきました。

なお、デジタルは私たちの得意分野で、特に力を入れた分野ではありますが、アナログのワークショップもやっています。要は、創造力や表現力を身につけられるかどうか、のほうを重視しているわけです（CANVASでやった具体的なワークショップについては、このあと折に触れてご紹介していきます）。

2004年からは、他団体も一堂に集めたワークショップコレクションを開催するようになります。デジタル時代の新しい学びの形を、ファッションショーのようにポップに伝えたいとの思いからでした。

ワークショップコレクションの参加者は、第9回となる2013年に10万人を突破しました。たった2日間の開催で10万人ですから、世界最大級の子ども創作イベントに育ったと自

ワークショップコレクションの参加者は10万人を超えた

負しています。

でも、ふと思ったのです。日本には小中学生が1000万人もいる。10万人とはケタがふたつも違います。

「このペースで活動を続けるとして、いつになったら日本中の子どもたちに『新しい学び』を届けられるんだろう?」

日本中の子どもたちに新しい学びを広げていくには、学校そのものを変えるしかないんじゃないのか? そう考えるようになったのです。

構想から15年かかって「1人1台」の実現へ

だから私たちは、授業をやろうと学校に入

いました。

る努力を続けましたし、日本の教育をこう変えたいという提案もかなり早い時期から出していました。

2005年には、一人1台を目指す「デジタル・ランドセル構想」の提案をCANVAS内でスタートさせています。小学生がランドセルの代わりに、すべてが詰まった情報端末を1台もつという計画。メディアラボのOLPCプロジェクトと同じことを、日本でも進めたいと考えたのです。

それを政府に提案したのが2009年。当時の民主党政権は「2020年までに一人1台の環境を整える」と政策に入れてくれました。

こうなればデジタル教科書も現実のものになると予想し、2010年、ソフトバンクの孫正義さんたちと組んで、「デジタル教科書教材協議会」を立ち上げました。教科書会社、放送局、広告会社、シンクタンクなど130社が参加した団体です。

当時は紙の図書しか教科書として認められていませんでした。全国的にデジタル教科書が採用できるようになったのは、ようやく2019年です。その導入の際にも「デジタル教科書の使用を各教科等の授業時数の2分の1未満とする」なんて規制がかかり、その撤廃にも時間を要しました。

教育のデジタル化を国の方針にするために「デジタル技術こども利用促進法」が必要だ、と私たちが言い出したのも2005年。それに準ずる「学校教育情報化推進法」が成立したのは2019年です。どちらも15年ぐらいかかった。

プログラミング教育については、2002年の発足時からワークショップで取り組んでいましたし、学校に入って特別授業をやったりしてきました。プログラミング教育が小学校で必修化されたのは、ようやく2020年です。

一人1台の環境整備も、コロナ禍でオンライン授業の必要が出てきたことで、急遽、前倒しされました。文部科学省の「GIGAスクール構想」では、一人1台と、高速大容量ネットワークを3年かけて実現する計画でした。これを1年半に短縮し、2020年度中には実現することが決まったのです。4600億円もの予算がついた。

実現にここまで時間がかかるとは正直、予想外でしたが、私たちが求め続けてきたものが、2019年から2020年にかけてバタバタバタバタッと決まったわけです。

日本ならデジタル教育先進国になれる

デジタル教科書の制度化、学校教育情報化推進法の成立、プログラミング教育の必修化、一人１台の情報端末と高速ネットワークの整備。２０２０年は、日本のデジタル教育元年というべき年になりました。世界から置き去りにされていた環境整備の面で、ようやくキャッチアップすることができた。

もちろん、あくまで環境面で世界と同じスタートラインに立ったということであって、どういう内容のデジタル教育をするのか、という具体論はこれからです。まだまだ検討すべき課題は残っています。

例えば、一人１台、情報端末を配るといっても、これだけ技術的進歩が速ければ、機器はすぐ陳腐化します。かといって、国の予算で頻繁に買い替えるわけにもいかない。最終的には、ＢＹＯＤ（ブリング・ユア・オウン・デバイス）、つまり自分が所有する情報機器を学校にもっていく形にならざるをえないのかな、と提案しています。

家庭の負担が増えるという意見もあるでしょう。でも、10万円もするランドセルを買うことを考えれば、よっぽど安い。いま政府が子どもたちに配っている情報端末の基準価格は4万5000円なのですから。

ほかにも考えるべき問題は山ほど出てくるでしょうが、私はさほど心配していません。変えるというコンセンサスがいったんできたら、日本は全国に展開されるのが早い。世界から7〜8年遅れてのスタートとはなりましたが、日本の先生たちの授業力をもってすれば、ここから一気にデジタル教育先進国になってもおかしくないと思います。

そもそも、ここまで全国津々浦々まで一定レベルの教育がいきわたっている国は、世界的に見ても非常に珍しいのです。日本では国が学習指導要領を決めると、学校だけでなく、塾のような民間事業者までがそれに沿った教材を作ります。そんな官民一体化した初等・中等教育をやっている国は、海外にはありません。日本の場合、号令一発でまたたく間に全体が変わる可能性がある。

工業社会において日本の教育は世界に冠たる成功例であり、世界中の国々が見本にしたほど。むしろ、その成功体験が強烈すぎたからこそ危機感がなく、情報社会への対応に乗り遅れた、と考えるべきなのでしょう。

逆に言えば、韓国のデジタル化がアジアのなかでも早かったのは、1997年に経済危機を経験したからだと思います。彼らには「このままでは国がもたない」という強烈な危機感があった。日本はそれなりにうまくいっていたので、そこまでの危機感がなかったのです。コロナ禍でようやく「あれっ?」と思うようになった。

もちろん、「変えなきゃいけないんだ!」ということは今後もくり返し強調して、危機意識をもち続けないといけません。そうしないと巻き返しにあってしまう。でも、変えるんだという共通認識をもち続けることさえできれば、いまからでもトップ集団を追い越すことができる。私はそう確信しています。

日本の先生のポテンシャルは高い

教育のために国が投じる予算の対GDP比を見ると、日本はOECD38カ国のなかで底辺をさまよっています。それぐらいお金をかけていないのに、どうしてこの教育レベルがキープできているかといえば、先生たちが優秀で熱心だからだと思います。

先生たちの熱心さということでいうと、プログラミング教育の必修化に関して、こんなことがありました。

2020年4月からいきなりプログラミングの授業をやれと言われても、小学校の先生がたは戸惑います。そこで文科省は具体例を学習指導要領で示しました。

まったく前例がないのですから、最初のうちは何かを参考にするしかありません。たいていの先生は学習指導要領通りの授業をやるに違いない。誰もがそう予想しました。

ところが、指導要領発表前、現時点でおこなわれているプログラミング授業の報告を文科省が任意で求めると、なんと408件ものレポートが上がってきたのです。文科省が提案する具体的な授業例にとどまらず、独自に工夫して授業を始めている先生がこんなにいた。

報告は任意ですから、さらに多くの先生がすでに取り組みをスタートさせていたはずです。ここまで熱心な先生が多いのかと、私も正直、驚きました。

日本の先生たちのポテンシャルの高さを考えれば、世界に誇れるデジタル教育コンテンツがこれからどんどん出てくると予想しています。

なお、プログラミング教育をやる場合、学校の先生が教えるだけでなく、民間エンジニアが教えることがあっていいと私は考えています。

これまで学校は閉じられた空間でした。外部の人がなかなか出入りできなかった。これからの学校はもっとオープンになるべきです。専門的なことは外部の人が教えたってもいい。そういう意味でも、プログラミング教育の必修化は、学校のあり方を変えるきっかけになりうると期待しています。

なぜ連絡はメールではなく、プリントを投函？

今回のデジタル化は、コロナ禍がきっかけで加速しました。コロナ対策だけでも大変なのに、混乱するシーンもあったでしょう。

でも、結果的にはそれがよかった、と私は考えています。良くも悪くも学校の問題に無関心だった保護者が、学校の惨状を認識する機会になったからです。教育は社会全体の問題なのだと自覚するようになった。

多くの親御さんからこんな声を聞きました。

「いきなり休校だったでしょう。ある日突然、当たり前が通じなくなって、『学校って何だろう？』と考えるようになった」

それまでは学校へ送り出すまでが自分の仕事。そこから先は先生に丸投げで、何も考えなくて済んだ。でも、休校により、先生の仕事の一部を肩代わりすることになったため、いろんな問題が見えてきたというのです。

それは私も同感です。息子の小学校も休校になりましたが、毎日、大量のプリントが郵便箱に投函されるのでビックリしました。それを時間割通りにこなせと言われても、「こっちは仕事もあるし、そんなの無理だよ」という感じです。私だけでなく、働く親の多くが悲鳴を上げたと思います。

先進国に限らずアジアの国々も、比較的スムーズにオンライン授業へ移行しました。「日本も同じようにやればいいじゃないか」と思うのですが、どうやらオンライン授業以前の状態だということが見えてきた。

デジタル教育元年だというのに、いまだに学校と保護者のやりとりは、連絡帳に書いて、ハンコを押してという世界です。メールのやりとりに変えれば、先生の負担も、親の負担も劇的に減らせると思うのですが。

さきほどのプリントにしたって、先生が原本をコピーして、ページの漏れがないかチェックして、1軒1軒ポスティングして回っています。そんな作業を先生がやる意味があるのでしょうか？　デジタル化すれば、先生は1回の作業で済ませられるのですから。

「先生たちって、こんな大変な作業を強いられているのか……」

唖然としたのは、私だけではないでしょう。そうした問題に保護者が気づいたことに、大きな意味があると思うのです。

メールアドレスが1個しかない学校も

いまの学校はパンク状態です。先生たちの「働きすぎ問題」をニュースで知ってはいても、保護者がそれを実感したのはコロナ禍があったからです。

手のかかる作業に追われているから忙しいのだ、ということも知った。多くの保護者が「機械に置き換えられるものは、どんどん置き換えりゃいいじゃないか」と感じたと思います。先生が作業に追われて学習面に力を入れられないとしたら、本末転倒だからです。

驚くべきことに、つい最近まで、学校にメールアドレスが1個しかないようなことが普通でした。先生はこのご時世にFAXを活用していた。

世の中では「狩猟社会、農耕社会、工業社会、情報社会に続き、第5の文明刷新『ソサイエティ5・0』がやってくる!」なんて騒いでいるのに、学校はまだソサイエティ4・0にすら到達していなかったことが、白日のもとにさらされたわけです。

保護者は「学校って、こんなこともできないの?」と驚きました。そうした声は、学校のデジタル化をさらに後押ししていくと思います。

さらに言うなら、「いままで、あまりに何もかも学校に押しつけすぎてきたんじゃないか?」と反省した保護者も多かったのです。昔は家庭や地域が担ってきた役割まで、学校に押しつけていることに気づいた。その結果、学校の問題を「自分事」として考えるようになった。これは非常に重要な変化だと思います。

コロナ禍で、これまでにない動きが生まれてきました。学校が閉鎖され、子どもたちが勉強する場所がない。そこで、営業自粛中の料亭が子どもたちに部屋を開放し、勉強部屋として使わせるようなことがありました。

共働き世帯やひとり親世帯の子どもにとって給食はライフラインですが、休校のために給食を食べられなくなってしまった。そこで地域の食品会社が、子どもたちにお弁当を無料で宅配するような動きもあった。

本当に喜ばしいニュースだと思います。子どもの教育は学校や家庭だけでなく、地域の問題でもある。その地域の大人たちが協力して学びの場を確保していくべきだ、という考え方が、コロナ禍のおかげで急激に広がってきた。

保護者のなかにも、オンライン教育のためのアクションプランを作って学校に提案したエンジニアがいました。専門的な知識が必要なら、外部の力を借りればいいのです。学校だけが教育を担わなきゃいけない必然性は何もありません。

社会全体で子どもの学びをサポートする――。こうした新しい動きが一時的なものではなく、恒久的な活動になることを願っています。

学校が「遅れた場所」のままでいいのか

私の親世代の話を聞くと、かつて学校は最先端の場所だったと言います。

家庭ではまずお目にかかれないグランドピアノが置いてあった。顕微鏡だって、高価だから家庭で買えるものではなく、学校にしかなかった。視聴覚教室のビデオ設備だって、家庭にビデオデッキが入るずいぶん前から装備されていた。いまと違って民営のプール施設は少なかったので、泳ぐといったら学校だった……。

最先端のテクノロジーが揃っているという点で、子どもをワクワクさせる場所だったのです。大都市はともかく、地方では、なおのことそうだったでしょう。その地域で最先端のものが揃っている場所だった。

ところが、いつの間にか立場は逆転しました。いまやコンピュータも大型テレビも、ゲーム機器も、学校に置いてあるものより、家庭にあるもののほうが新しく高性能になっています。学校はむしろ「遅れた場所」のイメージになった。

ここで1回、学校は生まれ変わるタイミングだと思うのです。ワクワクできる最先端の場所に返り咲く努力をする。といっても、社会全体が豊かになったので、かつてのようにハード面だけでワクワクさせるのは難しいでしょう。ソフト面でワクワクさせるのです。

コロナ禍で生まれた「社会全体で学びをサポートする」流れを、さらに推し進めていけば、学校は地域のハブに生まれ変わります。そのためには学校をオープンにし、地域の大人たちが集まる場に変えないといけません。地域や民間のリソースを生かすことで、「ここに行けば、最先端の知識が得られる」という場所に変えていく。

特にICTに関して言えば、どこに住んでいてもできる仕事が多いので、地方在住のエンジニアも少なくありません。彼らに学校に入ってもらえば、地方であっても、最先端のICT教育をやることができます。

機械にまかせられる雑務は機械にまかせてしまうのと同様、専門知識が必要な授業はプロにまかせればいいのです。

要は、学校を「先生だけが教える場」ではなくすということです。地域のさまざまな大人が集まって、子どもたちを教える。そして、ときには自分自身も学ぶ。生涯学習のための「学び合い」「教え合い」の場に変身するのがよいと思うのです。

「それじゃあ、先生の仕事がなくなるじゃないか！」

そういう反論が聞こえてきそうですが、むしろ先生の役割はこれまで以上に重要になると思います。一人ひとりの子どもたちと寄り添って、伴走する存在に変わる。いわゆるファシリテーターは、主体的な学び方には絶対不可欠の存在なのです。

ＡＩの活用で２００時間の学習が32時間に！

効率化が求められるのは学校の雑務だけではなく、学習面でも同じです。

いま民間の塾ではＡＩを使って、その子にもっとも合った教材を用意するところが増えています。デジタルなら学習データが蓄積していくので、その子に合わせたカリキュラムを組むことができるのです。

その子の勉強が遅れていれば、１学年下の基礎から学ばせる。その子が進んでいれば、１学年上の問題をやらせる。個別最適化することで、「落ちこぼれ」の問題も「吹きこぼれ」の問題も同時に解決できます。

個別最適化が何よりいいのは、知識を習得するまでの時間を劇的に減らしてくれることです。その子がどこでつまずいているかが可視化できるため、同じことを学ぶのでも、半分の時間で済ませられたりする。

ＡＩを学習塾の教材作りに活用しているＣＯＭＰＡＳＳの神野元基さんによれば、これまで中学１年生の数学の習得に２００時間かかっていたが、個別最適化のおかげで、たった32

時間に短縮されるというから驚きです。

学習をとことん効率化していけば、168時間もの時間が生まれる。そのぶん興味のあることを探求したり、創造的な活動にあてたりできます。

これは先生の負担を減らすことにもつながります。個別最適化したデジタル教材を使えば、児童・生徒の進度差に悩まされることもなくなりますし、誰がどの箇所で煮詰まっているか手元のパソコンで見えるので、個別指導もやりやすくなる。採点も自動でやってくれるから、その手間も減ります。

子どもたちが基礎知識を習得する時間が激減すれば、これまでのように「授業時間が足りない！」と大騒ぎすることもなくなるでしょう。「新しい学び」に割く時間は、いくらでも作り出せるということです。

さらに言うなら、一人1台の環境があれば、家庭における学習と、学校における学習をシームレスにつなげることができます。本当に「子どもを主体とした学習環境」を作ることが可能なのです。

こうした最先端の学習システムは、本来であれば、学校がどこよりも先に導入しておいたほうがよかったのです。学校のデジタル化が遅れたため、これまでは民間の塾に通える家庭の子だけが恩恵を受けてきました。家庭間格差や地域間格差を解消するためにも、キャッチアップが急がれます。

大人の世界では、パソコンやデジタル技術を仕事で使わない日はありません。にもかかわらず、学校の授業だけは、なぜか黒板とチョーク、ノートと鉛筆でやることを強要されてきた。私はべつにすべてをデジタルに置き換えたいわけではありません。両方あっていい。でも、デジタルだけ排除するのは不自然でしょう、と言いたいわけです。

第2章

プログラミング教育のホントの意味

STEAM教育と新しい学び方

アメリカがSTEM教育に力を入れてきた意外な理由

最近、よく「STEM教育」という言葉を耳にされると思います。サイエンス（Science）、テクノロジー（Technology）、エンジニアリング（Engineering）、マテマティクス（Mathematics）の頭文字をつなげた言葉です。

実は新しい言葉では全然なくて、1957年のスプートニク・ショックのときに生まれています。ソ連が人類初の人工衛星スプートニクを打ち上げたことは、資本主義諸国に大きな衝撃を与えました。アメリカも「理数教育に力を入れなければ、社会主義陣営に負けてしまう」と焦り、STEM教育に予算を割いたのでした。

余談ですが、当初はSTEMではなくSMETと呼んでいたそうです。理論系の学問を前に、応用技術系の学問を後ろに並べたのでしょう。ただ、「汚れ」を意味するSMUTを連想させるというので、語呂のいいSTEMの順番に変更されたのだとか。

この言葉が再び脚光を浴びるのは、バラク・オバマ大統領の時代（在任2009～2017年）です。

ＡＩやＩｏＴが現実のものとなって、このままいけばＩＣＴ人材が不足することは目に見えている。マイクロソフトが２０１２年に「２０２０年までに１００万人が足りなくなる」という試算を出したこともあり、ＳＴＥＭ教育の拡充が喫緊の課題として取り上げられました。アメリカ政府も予算を大幅に増やします。

それでＳＴＥＭ教育が世界的な流行語となり、日本に暮らす私たちの耳にも入ってくるようになったわけです。

ちなみに、この言葉が誕生した当時、まだパソコンは存在しません。大型のコンピュータしか存在せず、万人が学ぶものではなかった。当然ながら、ＳＴＥＭにコンピュータサイエンスは含まれていませんでした。それは当然、予算にも関係してきます。

なので、これもオバマ大統領のときに「ＳＴＥＭにはコンピュータサイエンスも含まれる」と補足するようになりました。昔のＳＴＥＭ教育と、いまのＳＴＥＭ教育の最大の違いは、コンピュータを念頭に置いているかどうかなのです。

ＳＴＥＭ教育という言葉が流行語になり始めた時期と、「21世紀型スキル」「コンピューテイショナル・シンキング」「プログラミング教育」という言葉に注目が集まった時期は重なっています。2010年前後の時期。

ほぼ同時多発的にこうした言葉が出てきた理由は、それだけAIやIoTが現実味を帯びてきたことがひとつ。もうひとつは、コストが下がって、コンピュータを利用した教育が本当に実現可能になったことだと思います。

「作りながら学ぶ」ということ

私のメディアラボ時代の指導教官であるジョン・マエダ教授は2013年、STEMにアートをつけ足した「STEAM教育」を推奨し始めました。科学の論理性だけでなく、人間的感性も重要なのだという提言です。

アートとは、芸術という以上に、リベラルアーツ（教養）を意味しています。4つのSTEMを統合するものとしてアートに期待した。

教科をバラバラに学ぶのは古い学び方であって、それらを横に結びつけていってこそ、21世紀に通用するスキルになる。「横断的」「総合的」というのが、STEAM教育のキーポイントなのです。

実際に手を動かすことで、新たなアイデアが湧いてくる。「作る」は学びに欠かせない

私はさらに、このアートという言葉には、「作る」というニュアンスも含まれていると理解しています。

私がもっとも大切にしているのが、「作りながら学ぶ」ということ。頭でアイデアだけを考えるのと、実際に形にするのには、大きな隔《へだ》たりがあります。実際に作ってみると、頭で考えていたアイデアのいたらない部分に気づきますし、さらに新しいアイデアが生まれてくることにもつながる。

知識というのは、机の上で覚えるだけでは、なかなか定着しません。実際に作ってみて、不具合があれば修正する、という作業をくり返すなかで、知識は再構築され、自分の血となり肉となっていく。そうやって得た知識は、なかなか忘れないものです。

実際に手足を動かすと、抽象的だった思考が身体化します。より深く考えられるようになるし、アイデアも出やすくなる。だから私はすべてのワークショップにおいて、必ず「作る」ことから出発しているのです。

子どもが能動的に作り、作品を周囲に見せて活発なコミュニケーションをとることを、CANVASでは重視している。まさに主体的な構築主義の学び方であって、パパート教授の考え方にも合致すると思います。

創意工夫しながらものを作るという点で、学校における図工の授業は、子どもにとってすごく貴重な機会です。にもかかわらず、図工の時間はどんどん減らされています。1947年には、小学校の低中学年で105時間、高学年で70時間も図工の時間がありました。いまや低中学年で60~70時間、高学年で50時間しかありません。

図工の時間が減るなかで、プログラミングという「作る授業」が導入されたことは、朗報といっていいと思うのです。

なぜプログラミングだけ特別扱い？

　こういう疑問を抱いた読者がおられるかもしれません。

「理数教育の強化が世界的潮流であることはわかった。でも、どうして、そのなかのプログラミングに特別、注目するの？」

　それは、いまやコンピュータが、私たちの社会のありとあらゆる領域に溶け込んでいるからです。

　家のなかを見回してください。ご飯を炊くのも、洗濯をするのも、買い物をするのも、お風呂を入れるのも、冷暖房で室温を変えるのも、テレビを見るのも、みんなコンピュータが制御しています。ボタンをピッと押すだけで、機械が勝手に動いてくれるのは、そういう風にプログラミングされているからなのです。

　家から一歩出ても同じです。電車の運行や信号を管理しているのも、病院の診察システムを管理しているのも、工場を動かしているのもコンピュータです。現代の経済活動は、コンピュータ抜きには考えられない。

ＩｏＴ化はまだ始まったばかり。それがさらに進めば、あらゆるものがネットとつながり、日常生活のすべてがコンピュータと切って離せなくなります。いま以上に、生活のなかへコンピュータが入り込んでくるのです。

仕事にしたって同様です。これまでハイテクともっとも遠いイメージだった農業の分野にすら、コンピュータは進出しています。自動制御されたドローンが、作物の成長具合や病害虫の有無を見守り、コンピュータが適切な収穫時期だと判断すれば、自動制御された収穫ロボットが出動する。そんな時代は、もうそこまできています。

建築だってそうです。２０１７年のロシアで、３Ｄプリンターで出力した家が建ちました。たった1日で完成したこともあり、大きな話題を呼んだ。

それから4年。世界中で同じような建築物が登場していますし、なかには3階建てのビルもあります。３Ｄプリンターで出力した高層ビルだって、時間の問題で実現するでしょう。あんな巨大なものも、コンピュータに指示を与えるだけで造れる時代なのです。

コンピュータの存在感は、ますます大きくなってきています。

コンピュータの原理を知っておくことが大切

実は、ＳＴＥＭについても同じなのです。

理論系のサイエンスやマテマティクスでは、複雑な計算をするのにコンピュータが欠かせません。応用技術系のテクノロジーやエンジニアリングだって、コンピュータを使わない設計や実験は考えられない。

ＳＴＥＭが重要だといっても、それらを根底で支えているのはコンピュータなのです。コンピュータなしにはＳＴＥＭも成立しない時代になった。

ここまでコンピュータの存在が大きくなると、「どういう風に指示を出せば、自分の思うように動いてくれるか」を知っているのといないのとで、大きな差が出てきます。たとえ基本的な原理だけであっても、万人が身につけたほうがいいでしょう。

だから私は「読み、書き、プログラミング」と言っているわけです。

例えば自動車が運転できれば、生活は便利になります。でも、近い将来、完全自動運転が実現すると、苦労して運転技術を身につける必要はなくなる。コンピュータへの指示の出し方さえ知っていれば、車は動くのですから。運転技術を学ばなくたったって、誰でもカーレーサーのように華麗にコーナリングできて、タクシー運転手よりも抜け道に詳しいドライバーになれます。

料理だって、英会話だって同様です。これから先、コンピュータへの指示の出し方を知っていればいい時代がやってくるかもしれません。そういう意味で、プログラミングの能力を身につけることは、重要度の次元が違う。プログラミングだけは、ひとつ上の次元にある感じなのです。

プログラミングの原理を習っておけば、運転にも料理にも英会話にも、ほかのいろんなことにも生かせます。汎用性が違うのです。

世界中の学校でプログラミング教育が導入されている背景には、そういう理由があります。ほかとはちょっと違う存在だから、特に注目されているわけですね。

「ICT人材を育てるため」という誤解

プログラミング教育の必修化に向けて動いていた頃、私は「プログラミング『で』学ぶのであって、プログラミング『を』学ぶのではない」と言い続けていました。こんな反論をする人が必ず出てくるからです。

「日本の子どもたち全員をプログラマーにするつもりなのか！」

いいえ、プログラマーを養成したいわけではないのです。万人が身につけておくべき基礎教養だから、子どものうちに学ばせたいだけ。

たしかに経済産業省は「ＩＣＴ人材が最大で約79万人、足りなくなる」という予想を出しています。でも、学校におけるプログラミング必修化は、そうしたＩＣＴ人材の育成を目指すものではないのです。

国語の授業があるからといって、全員が作家を目指すわけではありません。算数の授業があるから全員が数学者を目指すわけではないし、音楽の授業があるから全員がミュージシャンを目指すわけでもない。体育の授業があるから全員がスポーツ選手を目指すわけでもありません。それと同じことです。

だから、「プログラミングを覚えることがゴールではないのだ」と強調したいがために、当時は「プログラミングで学ぶ」と、口癖のようにくり返していたわけです（べつに「プログラミングを学ぶ」ことが重要でないわけではないので、必修化の実現後はあまり口にしないようにしています）。

プログラミングは創造のツール

では、プログラミング「で」何を学ぶのでしょうか？

最近、よく「プログラミング教育で論理的思考が育まれる」と言われます。たしかに論理的でないとプログラミングはできません。しかし、私は論理的思考以上に大事なことが、プログラミングにはあると考えています。

私はどうしてプログラミング教育が必要だと言うのか？　新しいものを生み出したいとき、これほど有効な道具はないからです。私にとってプログラミングは、論理性を育てるためのものではなく、むしろ創造・表現のためのツールなのです。

しかも、試行錯誤がやりやすいのです。同じもの作りでも、図工の場合、途中で失敗してしまうと、最初からやり直すのは大変です。プログラミングなら、失敗のすぐ前の地点まで戻ってやり直せます。何度でも何度でもやり直せる。

試行錯誤のなかには、たくさんの学びがあります。

教示主義では急いでゴールを目指しますが、構築主義ではプロセスを大切にする。途中でどんな失敗をしたか、それをどういう工夫で乗り越えたか、誰からどんなアドバイスをもらい、そのとき自分はどう考え、どういう理由で何を選んだのか……。それらのすべてが学びになるわけですから、試行錯誤は多ければ多いほどいい。

こうした特徴を考えると、プログラミングほど「作りながら学ぶ」ことに適したツールはない。いまさらながら、パパート教授の慧眼《けいがん》には頭が下がる思いです。

国語や算数のような教科にならなかった理由

さて、自分が子どもの頃には存在しなかったプログラミングの授業ができたことで、不安にかられている親御さんも多いと思うので、この章では、プログラミングとはどんなことをするのか、具体的に紹介していきましょう。

誤解されている方も多いのですが、プログラミング教育の必修化といっても、プログラミングという教科が新しくできるわけではありません。

国語、算数、理科、社会、音楽、図工、体育……すでにある教科のなかに、プログラミングが組み込まれていきます。何年生のどの教科で、何時間教えるのか、といったことは、すべて学校側の裁量にまかされています。

イギリスやカナダ、イスラエルなどでは、プログラミング（コンピューティング）という教科を新設しています。そうした国々と比べると、「教科も存在せず、学校の裁量にまかせるんじゃあ、年間数時間で終わらない？」なんて心配の声も聞かれます。

プログラミングという教科が生まれなかったのは、事情があります。

図工の時間が減っている話をしましたが、年間の授業時間数が決まっているなかで、英語など新しい教科も増やすとなれば、どうしても時間の奪い合いになります。国語・算数・理科・社会の主要4教科は減らせないので、プログラミングという新教科を作るわけにもいかなかったのだと思います。

ただ、私はむしろこの結果を喜んでいるのです。さまざまな教科のなかへプログラミングが入り込むことで、横断的・総合的な学びが可能になるからです。まさに「プログラミングで学ぶ」世界が実現できた。

私たちは２０１３年ぐらいから学校に入って特別授業を始めていたのですが、各教科のなかへプログラミングを入れ込む作りにしていました。国語・算数・理科・社会・音楽・図工は実際にやりました。英語や体育でやることだってできるでしょう。全教科にプログラミングをはめ込むことは可能なのです。

私はプログラミング自体を主役にするより、各教科のなかへ「作りながら学ぶ」要素を入れ込むことで、それぞれの学びを深めるほうが重要だと考えています。プログラミング自体を学ぶことより、「新しい学び方」を広めていくほうを重視している。

だから、各教科のなかへプログラミングが入っていく形になったことを歓迎しているわけです。

世界でもっとも使われている教育言語

プログラミングと聞くと、真っ黒い画面に、暗号のような文字を打ち込んでいくイメージをおもちの方も多いでしょう。「子どもにそんな勉強が必要？」と拒否感を示される方のなかには、そんな古いイメージをもっている方もいます。

いまやキーボードから文字列（コード）を打ち込まなくてもプログラミングは可能です。そんなプログラミング言語がたくさんある。

例えば「スクラッチ」がそうです。前章で、パパート教授がＬＯＧＯを開発し、レズニック教授がスクラッチに発展させた話はしましたね。

8〜16歳がメインターゲットですが、べつに対象を子どもに限定しているわけではありません。だから大人のユーザーも含めての数字ですが、全世界で７２００万人（２０２１年５月末現在）もの登録者がいるというから、圧巻です。世界のプログラミング教育でもっとも使われている言語なので、それを例に説明しましょう。

なお、Ｓｃｒａｔｃｈ財団が運営するスクラッチのサイトにアクセスすれば、無料で使えます。ダウンロードする必要もなく、ウェブ上で動かせるので、インターネットにつながるパソコンやタブレットがあれば、家庭でも学校でも簡単にスタートできます。ぜひご自分で体験してみてください。

スクラッチにはさまざまなチュートリアルが用意されているので、まずはそれで遊んでみることで、イメージがつかめるはずです。

＊ Scratch は、MIT メディア・ラボのライフロング・キンダーガーデン・グループの協力により、Scratch 財団が進めているプロジェクトです。https://scratch.mit.edu/ から自由に入手できます。

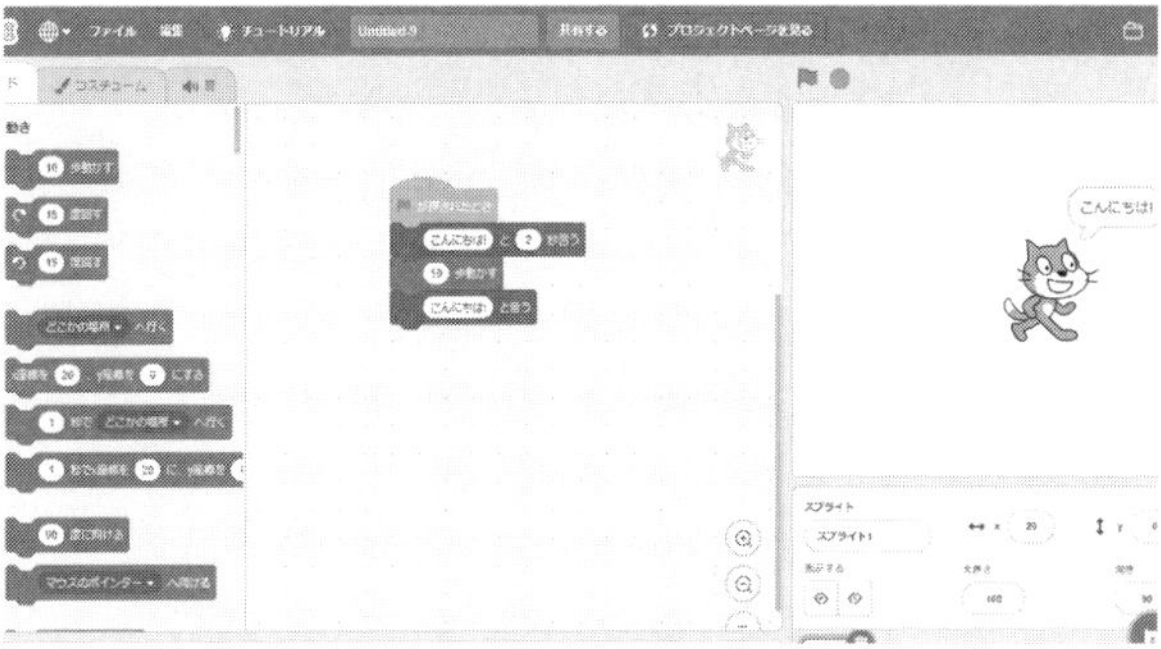

スクラッチのプログラミングは、左の区画にあるブロックを中央の区画へ動かすだけ

例えば「作る」タブをクリックすると出てくる「さあ、始めましょう」というチュートリアルでは、画面上のネコに命令を出して動かします。

画面が3分割されていて、右側の区画にいるネコを動かしたい。そのために、左側の区画にさまざまな命令のブロックが用意されています。このなかから、出したい命令のブロックを選び、中央の区画に置いていく。あとは実行ボタンを押す。驚かれるかもしれませんが、たったこれだけです。

テキストではなくブロックを置いていく

スクラッチの実際の画面を見てみましょう。

左側の区画には、例えば「10歩動かす」というブロックがあります。これを5歩に変えたり、9歩に変えたりすることができます。「ずっと動かす」というブロックと組み合わせれば、ネコを動き続けさせることもできる。

ライブラリにはネコだけでなく、さまざまなキャラクターが用意されています。それらを組み合わせて、ネズミとネコが追いかけっこするゲームも作れます。

「もし○○したら、××させる」という、いわゆる条件分岐の命令も、ブロックを置くだけです。例えば「クマとぶつかったら、挨拶する」とか、「端っこまで行ったら、反転して戻ってくる」といった命令を、条件分岐という言葉を使わずできるのです。

左側の区画にある命令は、「動き」「見た目」「音」「イベント」……といったカテゴリー別に分類されています。このなかから命令を選び、そのブロックを積み木のように積み重ねる。それだけでネコを、自分の思った通りに動かすことができます。

積み木と同じで、簡単に積めて、簡単に崩せるから、何度も試行錯誤できる。思うようにいかなければ、やり直せばいいだけです。

どうでしょう。プログラミングという言葉からイメージしていたものとは、ずいぶん違いませんか？　コードを打ち込むテキストコーディングを否定するのではありませんが、それだけがプログラミングではないのです。

コミュニティ機能を通じて世界の子どもと協働できる

スクラッチの最大の特徴は、コミュニティ機能が充実している点にあります。自分の作品をウェブ上にアップロードして、世界中の人たちに見てもらうことができる。逆に、世界中の人たちが作った作品を見ることもできる。

面白い作品を見つけて、「これ、どうやって作ったんだろう？」と疑問に思えば、どんなブロックを組み合わせているのか、表示することができます。

昔の子どもたちがラジオや時計を分解したのと同じく、なぜ動くのかというカラクリを知ることができるのです。子どもにとって、ブラックボックスの中身をのぞき込むほどワクワクすることはありません。

60以上もの言語に対応しているので、アメリカの子どもが作った作品はもちろん、タイの子どもが作った作品でも、エジプトの子どもが作った作品でも、どんな命令を出しているのか、日本語で読むことができます。

ほかの子が作った作品に少し手を加えて、新たな作品に仕上げることも可能です。「リミックス」と呼ばれる機能です。

リミックスした作品の原作者が誰かは表示されるので、著作物へのリスペクトはたもたれます。リアルの世界では、元の作品に手を加えると、それは消えてしまいます。デジタルの良さは、リミックス作品を作っても、原作は残ることなのです。どちらもネット上で公開される。

こうなると、子どもとしては、自分の作品がリミックスされればされるほど嬉しい。世界中の子どもたちが引用してくれるとしたら、なおさらです。「真似すんなよ！」と怒るような子は、まずいません（どうしても真似されたくないのなら、コードを非公開にすることもできます）。

こうして、国境を超えた協働の場が生まれているのです。

世界中から「いいね！」がきてモチベーションが上がる

リアルなワークショップをやっても、自然と協働が生まれることがあります。

トップページの「注目のプロジェクト」に選ばれたら、世界中からコメントがくる

例えば1万個の紙コップを使ったワークショップ。最初のうち、子どもたちは、それぞれが好きなものを作ることに夢中になっています。ところが、いつの間にか、自分たちの作品をつなげて、大きなひとつのオブジェにしようとしたりする。

誰かが言い出したわけでもないのに、自然とそういう協働が生まれてくるのです。人間はつながりを求める生きものなのか、本当に面白い現象です。

同じような協働の動きが、スクラッチのコミュニティで生まれているわけです。しかも、ネットは時間も空間も簡単に超えてしまいます。名前も聞いたことのない国の子どもたちと、ごくごく自然に協働してしまっている。

スクラッチにはコメント機能があります。サイト運営スタッフの目に留まり、「注目のプロジェクト」としてトップページに取り上げられたりすると、それこそ世界中からコメントが寄せられます。

残念ながらこちらは翻訳機能がないのですが、内容がわからなくても、いろんな国からコメントが届くことで、気分は盛り上がります。

子どもたちにとっては、先生からいい点数をもらうより、友だちから「いいね！」と言ってもらうほうがよっぽど嬉しい。承認欲求をモチベーションにして、国境を超えた協働を楽々と実現してしまっているあたり、スクラッチのコミュニティ機能は本当によく設計されていると思います。

７２００万人もいるユーザーの作品をずっと保管し、世界中からアクセスがあってもサーバーが落ちないように維持する。技術的にも、コスト的にも、ものすごい負担です。真似しようと思っても、なかなかできません。

日本生まれの言語「ビスケット」と「スプリンギン」

ほかにもテキストでコードを書かずにプログラミングできる言語はいろいろありますが、スクラッチの次に日本で使われているものといったら、「ビスケット」と「スプリンギン」。どちらもタブレットで使うタイプで、無料アプリが出ています。

私たちは２０１６年から全国小中学生プログラミング大会を開催していますが、応募作の多くはスクラッチ、ビスケット、スプリンギンのどれかで作られています。

ビスケットは日本生まれのすばらしいプログラミング言語。開発者の原田康徳さんとは、ＣＡＮＶＡＳ設立当初から一緒にさまざまなワークショップをやってきた仲です。

原田さんが「粘土みたいなプログラミング言語が作りたかった」と話すように、ビスケットは、より直感的に操作できるようにできています。スクラッチのような命令を出すブロックすら存在しないので、使いこなすために必要な知識が本当に少ない。そのぶん創作のほうに集中できる、ということはあるかもしれません。

スプリンギンも日本生まれのプログラミング言語で、ビスケットと同じく直感的に操作できます。私の息子はビスケットやスプリンギンで、よくゲームを作っていました。

スクラッチは8歳以上が対象です（幼児向けにはスクラッチジュニアを用意しています）。それに比べるとビスケットもスプリンギンもお絵描きに近い感覚なので、小学校に入る前の幼児でも使いこなすことが可能です。

幼稚園でプログラミング教室をやるようなときは、やはりビスケットやスプリンギンが使われることが多いようです。

原田さんはこう語っています。

「クレヨンと一緒で、3歳から使えるように作っています。クレヨンは握力をコントロールできないと絵が描けないけど、そんな子でも絵が描けるのがビスケットなんです」

スクラッチジュニアが5歳児以上を対象にしていることを考えると、まだ読み書きできない3歳児でも直感的に使えるというのは、本当にすごいことです。

おすすめの「言語」はあるか？

日本にかぎらず、世界の学校でプログラミング教育にもっとも使われているのはスクラッチのようです。

私としては、子どもが気に入ったものを使えばいいと思います。スクラッチでもビスケットでもスプリンギンでもいい。子どもが「やってみたい」と言うのであればテキストコーディングでもいい。

スクラッチやビスケット、スプリンギンを見て、「これじゃあ、テキストコーディングに移行できない」と批判する人がいます。たしかに、従来のテキストコーディングとはまったくの別物という印象があります。

でも、それは、スクラッチ、ビスケット、スプリンギンを否定する理由にはなりません。だいたい、ここまで技術的進歩が速いと、5年先10年先にどんな言語が使われているのか、誰にも予測がつかないのです。テキストコーディングが消えている可能性だってあります。どの言語を使えばいいかと悩むのは無意味でしょう。

大切なのは、目先の道具の優劣を考えるより、この先もずっと学び続けられるかどうかのほう。学びが楽しくなければ、続けることはできません。だから、子ども自身が「楽しい！」と感じるプログラミング言語を選べば十分。私はそう考えます。

コンセプトは「低い床、高い天井、広い壁」

さて、プログラミング言語は何でもいい、ということを前提に、もう少しスクラッチの話を続けます。

親御さんの「プログラミングって、いったい何をやっているの？」という疑問を解消するには、リアルな世界との接続についても紹介しておきたい。その分野において、スクラッチは非常に使いやすいからです。

スクラッチのコンセプトは、「低い床、高い天井、広い壁」。

低い床というのは、誰でも簡単に始められるということ。従来のテキストコーディングは難しいイメージがあって、なかなか誰もが「自分もやってみよう」とはならないと思います。それに対してスクラッチは小学3年生ぐらいの論理性があれば、十分、使いこなすことができます。「やってみようかな」という気にさせられる。

高い天井というのは、「もっと追求したい！」となったとき、さらに複雑なことができるということ。さきほどのネコはもっとも簡単な事例ですが、ものすごく複雑な作品を作ることだって可能なのです。

広い壁というのは、ゲームを作りたい子にも、作曲したい子にも、アニメーションを作りたい子にも、ロボットを動かしたい子にも、対応できるということ。スクラッチだけで相当いろんなことができるのです。

低い床については実感していただけたと思いますが、もう少しだけ補足しましょう。実行ボタンを押してネコが動いた瞬間、子どもたちから「おおーっ」と声が上がります。私自身、初めて大学でプログラムを書いたときは「本当にロボットが動くんだあ！」と感激しましたが、こういう感動が大切なのです。

自分のアイデアが正しいのかどうか、タイムラグなしで確認できる。そういう喜びがあるから、人間は学び続けられるのだと思います。やる気を削《そ》がないためにも、敷居を低くすることが、すごく大切になる。

本当に小さな子どもだと、適当にバーッとブロックを並べたりします。それでも、ときに面白い動きが生まれることがある。「機械を自分の思い通りに動かす」こととはちょっとズレますが、それだけ床が低いことを実感する瞬間です。

次に、高い天井について説明しましょう。

ネコを動かす初級編をやると、みんな次のステップに進みたくなる。「オリジナルのキャラクターを作りたい」「背景を変えたい」といった声が上がります。

なぜかゲーム形式にしたい子が多いようで、「10秒たったらタイムオーバーになるようにしたい」「ネコとクマがぶつかった回数をカウントしたい」「音楽をつけたい」というリクエストがすごく多い。

そんなときカウントアップのタイマーをつけたり、画面上にスコアが表示されるようにしたり、音楽をつけたりすることが、スクラッチは簡単にできるのです。さらなる機能をつけ加えるのが容易。天井が高いので、どんどん複雑なゲームにしていくことができます。

プログラミングで「キッチン・オーケストラ」を作る

次に、広い壁です。どんなことをやりたい子にも対応していける。

いまのネコの例はパソコンの画面上で終始しましたが、リアルな世界の物体に命令を出して動かすことも可能です。自分が作った立体物をプログラミングで動かすなんて、かつては

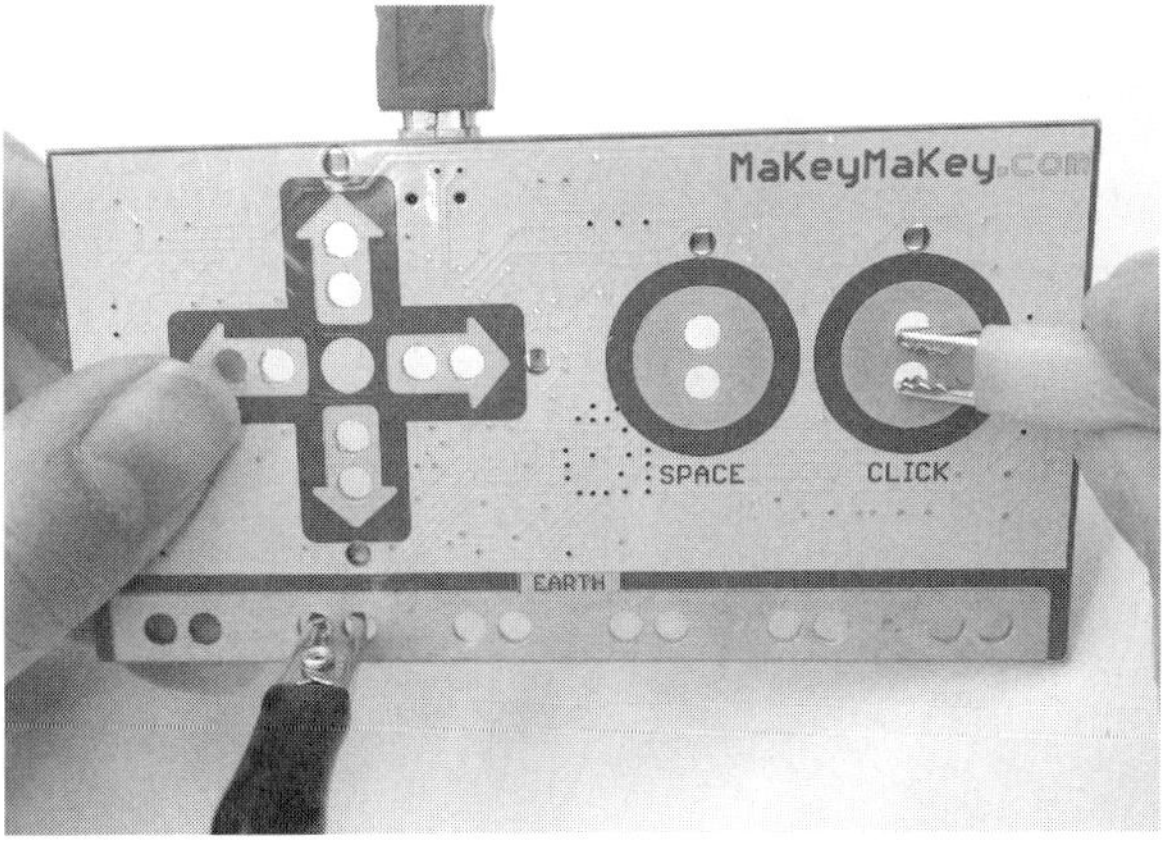

メイキーメイキー・ボードに開いている穴を、ワニ口クリップで接続していく

考えられない表現形態でした。

スクラッチには拡張機能があって、いろんな外部機器に命令を出すことができます。人気があるものだと「メイキーメイキー」。メディアラボの学生2人が作った機器で、メイキーメイキー・ボードという基盤と、両端にワニ口クリップがついたコードがセットになった商品です。

まずはUSBコードでボードとパソコンを接続します。次に、ワニ口のコードを取り出し、片方をボードのどこかをはさむ。パソコンの「上」「下」「左」「右」キー、「スペース」キーなどに相当する場所がありますから、使いたい場所をはさむわけです。

鍋、やかん、ザル、ボウル……調理器具に接続すればキッチン・オーケストラに

ワニ口のもう片方は、スイッチにしたいものにはさみます。電気の通るものなら、鉛筆の芯でも、バナナやリンゴなどの果物でも、何でもかまわない。

あとは、別のワニ口コードで、ボードのアースをはさみ、もう片方を手でもつ。こうすることで、体を通して電気がつながり、何でもスイッチに変えられるのです。

例えばワニ口を電気を通す粘土に差し込んで、「これはダッシュボタン」「これはジャンプボタン」と決めていけば、粘土でできたコントローラーを自作できるわけです。

バナナをはさんで、ピアノの鍵盤代わりに使うこともできます。階段をはさめば、階段を鍵盤として使うこともできる。私たちも、フライパンや鍋、スプーンやフォークをはさんで、「キッチン・オーケストラを作ろう」というワークショップをやりました。段ボールでギターを作って、そこにワニ口クリップをはさむ。そうやって段ボール・ギターを自作するワークショップをやったこともあります。

べつに楽器の音でなくてもいいのです。スクラッチでは動物の鳴き声や録音した音声など、ほかにもさまざまな音の素材が使えるので、これと組み合わせて、例えばコップに触れるたびにネコが鳴くような装置を作ることもできます。

電気さえ通れば何でもスイッチに変えられるわけで、日々の生活を楽しくしてくれるアイテムだと思います。

「宿題チェックマシーン」「ドア開け閉めセンサ」を自作で

ほかには「マイクロビット」という外部機器も人気です。ＢＢＣが主体となって開発した教育用のマイコンボードで、イギリスでは子どもたちに１００万台のマイクロビットが無償で配布されました。

マイクロビットも基盤がむき出しなので、最初はギョッとされる方もいるのですが、日本の学校でもよく使われています。

特徴は、加速度センサー、地磁気センサー、明るさセンサー、温度センサーなどが搭載されていること。理科の授業で「夜になると自動的に電灯がつくのはどうしてなのかな?」と、センサーの原理を教えるときに便利なのです。

スクラッチと接続するときは、マイクロビットにプログラミングして、コントローラーとして使います。例えば、マイクロビットのAボタンを押すと、画面上のネコが10歩、動くといった使い方ができる。

マイクロビットを制御できるプログラミング言語は、スクラッチ以外にもいくつかあります。例えば、マイクロソフトが開発した「メイクコード」。メイクコードでプログラミングすれば、マイクロビットに直接書き込めるので、パソコンと切り離しても機能する。そうなると、今度はセンサーとしても使えるのです。

具体的な例でいうと、奈良県宇陀市の市立大宇陀小学校の4年生で、「発明! マイクロビットでスマートアイテム!」という授業が始まっています（文科省に報告された408件

＊ micro:bit は、英国放送協会（BBC）によって開発され、micro:bit 財団が中心となって普及活動が行われています。詳しくは https://archive.microbit.org/ja/ をご参照ください。

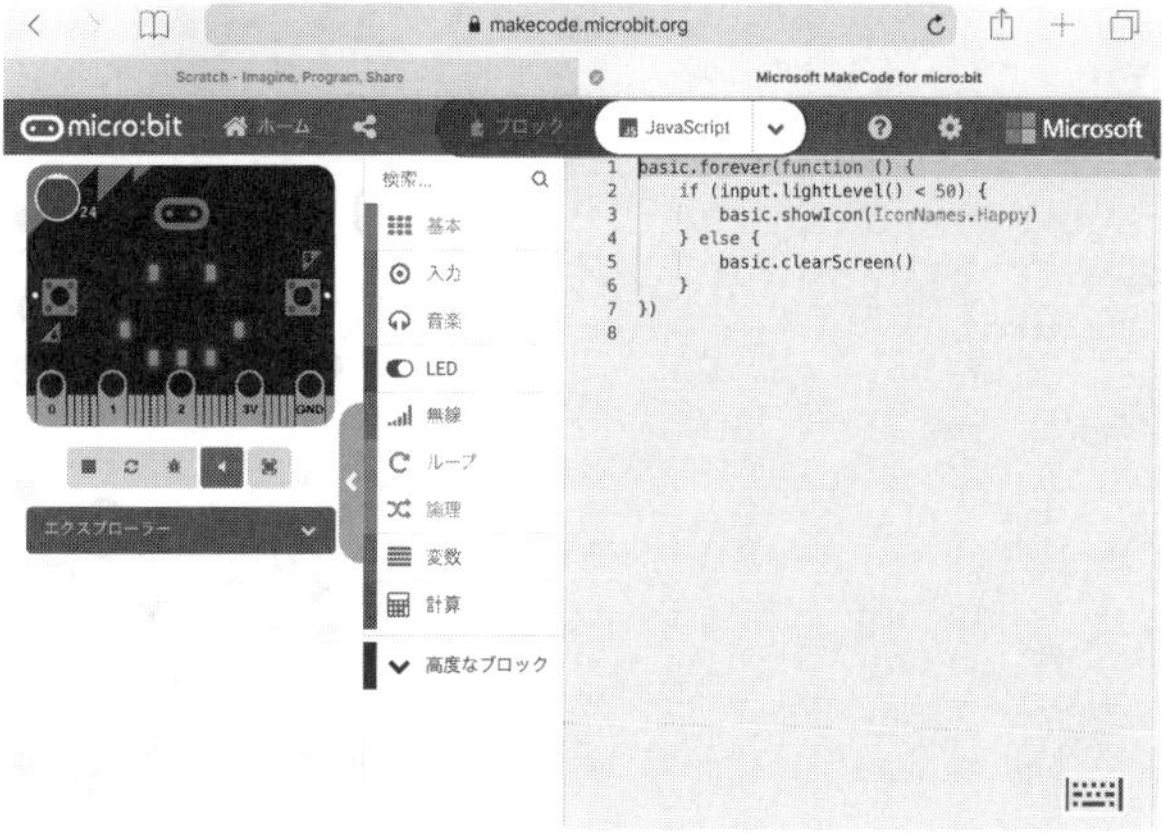

メイクコードでは、並べたブロックをジャバ・スクリプトに変換することができる

のひとつです）。

子どもたちが作った作品としては……。「宿題チェックマシーン」は、センサーの前を宿題が通るたびにカウントしてくれ、宿題が揃っているか数える手間が減るというもの。「リコーダー上達マシーン」は、傾きセンサーを使って、リコーダーを構える角度が正しいかどうか教えてくれるもの。「ドア開け閉めセンサ」は、2秒以上、ドアが開きっぱなしになっていると、音が鳴って教えてくれるもの。

どうでしょう。画面上のネコを動かしていたときと比べると、かなり日常生活に役立つものになってきた感じがあります。コンビニの入り口に立てば、自動ドアが勝手に開く。

理屈のうえではそれと同じことを、小学生が実現できるわけです。

ちなみにメイクコードは、基本の操作はスクラッチと変わりません。命令の書かれたブロックを積み重ねていく方式で、小学生でも使えます。

スクラッチとの大きな違いは、「このブロックの積み重ねを、もしジャバ・スクリプトで書くとどうなるのか」がわかること。ボタンひとつで、文字で書いたコードに切り替えることができるのです。テキストコーディングに興味のある子には参考になるかもしれません。

歯ブラシにセンサーをつけてIoT

スクラッチからは離れますが、もうひとつ面白い商品をご紹介しておきましょう。ソニーが開発した「メッシュ」です。

私はプログラミングを、何より「創造のためのツール」だと考えています。だから、ワークショップでも授業でも、プログラミングそのものを徹底的に突き詰めるというより、プログラミングすることで生活を豊かにするような、創造性のほうを大切にしている。周囲の人を笑顔にする方法を子どもたちに考えてもらいたいのです。

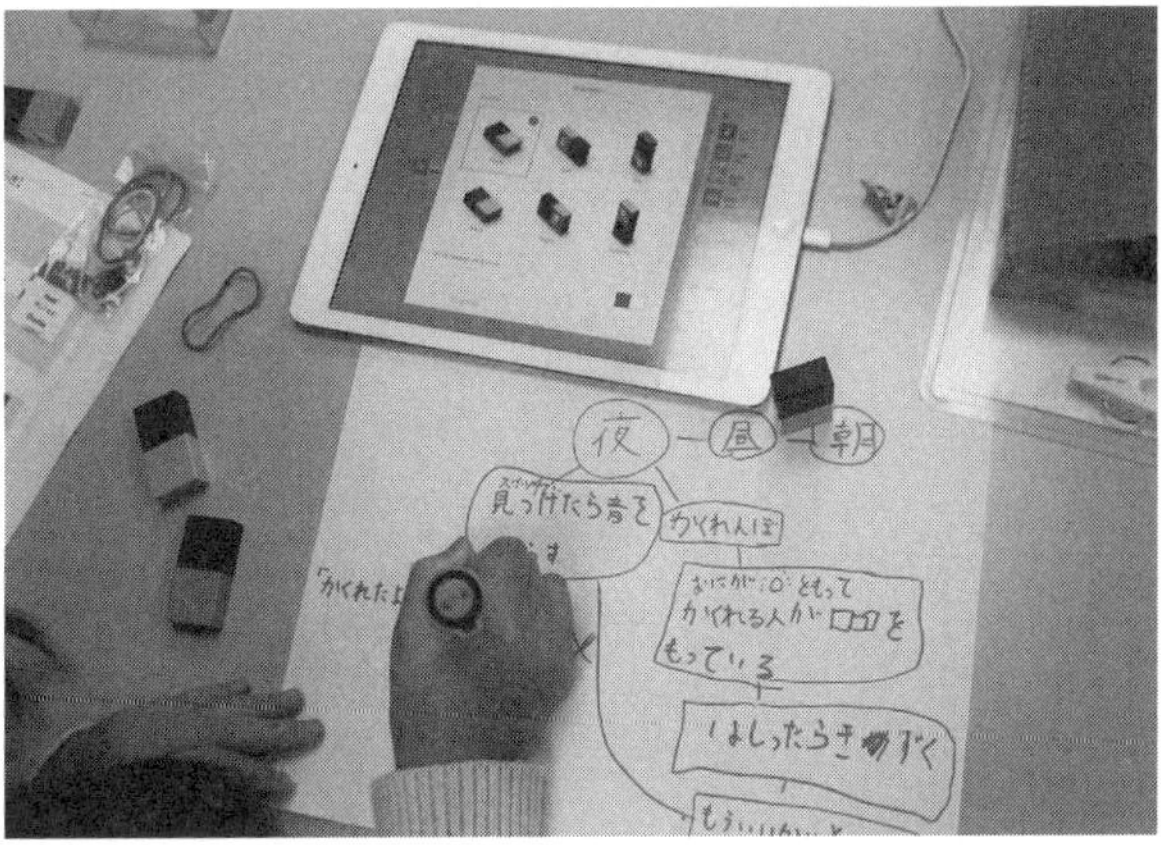

この子は、メッシュをどう組み合わせて何を作るか、紙の上で構想を練っている

メッシュはそんな私の考え方にピッタリで、プログラミングのワークショップでもよく使用する商品なのです。

カラフルなＩｏＴブロックで、無線機能がついているため、ｉＰａｄなどのタブレットに接続して、プログラミングすることができます。

ブロックは7種類あり、それぞれ別の機能をもっています。センサーとしては、明るさセンサー、温度・湿度センサー、前を何かが通ったら検知してくれる人感センサー、振ったときの強さや角度などを検知してくれる動きセンサー。それ以外に、スイッチとして使えるボタン、光るＬＥＤ、外部機器と接続するときに使うＧＰＩＯの７種類です。

ＩｏＴブロックは５個セットと７個セットのものがありますが、バラで１個ずつ買うこともできます。

これらを組み合わせて、生活のなかに落とし込んでいく。例えば、玄関のドアに動きセンサーをつけておき、ＬＥＤは手元に置いておく。そうすると、誰かがドアを開けて入ってきたら、手元のＬＥＤが光って教えてくれる。光ではつまらないというなら、プログラミングして、笑い声で教えてくれるようにもできます。

歯ブラシに動きセンサーをつけておいて、ちゃんと歯を磨いたら、お父さんの手元のＬＥＤが光って、「お前、もう歯を磨いたのか。偉いな」と褒められる。ほんの少しだけ、日々の生活が楽しくなります。

こういうプログラミングの使い方こそ、私たちが理想とするものなのです。プログラミングを覚えることがゴールであってはなりません。

ほかにも、「レゴ・マインドストーム」という商品は、レゴブロックで組み立てた立体物を、スクラッチでプログラミングすることで動かせます（どんどんバージョンが新しくなっていますが、そもそもはレズニック教授がレゴ社と組んで開発したものです)。自作のロボットを動かすなんて、どれほど多くの子どもが憧れ続けてきた夢でしょうか。

自分で実際に使ってみないとピンとこないかもしれませんが、ワクワクする感じはお伝えできたと思います。ワクワクする、楽しい――。こうした気持ちこそ、生涯学び続けるための、最大のカギなのです。

デジタルなら大量に試行錯誤ができる

こうしたツールを使えば、どういう学びが可能になるのかは、次章で紹介したいと思います。具体的に見ていけば「デジタルにしかできないこと」が浮かび上がる。「デジタルにしかできないんだから、デジタルで学ばせるしかないよな」と納得していただけるでしょう。頭ごなしにデジタルを否定する人も減るはずです。

ところで、ワークショップをやっていると、子どもたちの自由な発想に驚かされることがあります。「先入観がないって、すごい!」と思わずにいられません。

例えば、さきほどのネコを動かすワークショップ。もっとも入門編なのですが、この時点ですら、大人からは生まれない発想が出てくるのです。「10歩動かす」というブロックの数字を変えられることを自分で見つけて、1000歩にしてみるのはもちろん、マイナスの数字を入れたらどうなるのかと実験を始めた子がいました。

試行錯誤が簡単なゆえに、これまでなら考えられないほど大量の試行錯誤をくり返すことができる。これこそデジタルの強みだと思います。

プログラミングから英語や数学に関心をもつ子も

必修化前、学校に入って授業をやりましたが、先生から返ってきた反応で、もっとも多かったのが「子どもたちが手を動かしながら、試行錯誤をして、主体的に学習する態度が育まれた」という声でした。ポイントは、何度も試行錯誤するぐらい没頭すると、学びが主体的になっていくことなのです。

授業やワークショップはきっかけにすぎません。さらに言うなら、プログラミングだってきっかけにすぎない。その子の学びは、むしろそこからがスタートなのです。

スクラッチのコメント機能は翻訳できないと言いましたが、「ＣＯＯＬ！」なんて文字を見て、「英語を勉強したい！」と言い出した小学生がいました。

テニスゲームをプログラミングするうち、どうしてもボールのリアルな軌道を細かく描きたくなり、中学で習うような数学の勉強を始めた小学生もいます。

宇宙を舞台にしたクレイアニメを作りたいので、図書館に行って、天文関係の本を借りまくった小学生もいました。誰に言われたわけでもないのに、自分から本を読んで勉強を始めたのです。

こういう子たちには、「学ぶ動機」があります。望んでもいないのに一方的に英語や三角関数や宇宙の知識を押しつけられた子と、英語や三角関数や宇宙を学ぶ理由のある子では、学ぶ態度が変わってきます。卒業後も学び続けるかどうか、という点でも大きな差が出てくるでしょう。

出発点は、シンプルに何かを「楽しい！」と思うことです。でも、没頭すればするほど、学びの幅が広がり、深度も深まっていく。そうなると、本人は自発的に「もっと学びたい！」と考えるようになる。

これこそ、パパート教授の目指した構築主義だと思います。パソコンの性能が上がり、コストも下がったことで、それが本当に実現しつつある。

そういう意味では、いまの子どもたちは、少し前の子どもたちに比べて恵まれた環境にあります。技術が急激に進化したおかげです。そんな幸運を生かさないのは、本当にもったいないと思うのです。

第3章

「一歩進んだ子」はデバイスをこう使う

デジタルにしかできないこと

プログラミング教室に女の子が増えた年

この章では、「デジタルにしかできないこと」って何なのか、具体的な授業例を紹介しつつ考えていきたいと思います。

CANVASのワークショップでは、デジタルばかり扱っているわけではありません。造形、絵画、音楽、身体表現、自然……アナログな企画もやっています。

音楽に合わせてペンキで大きな絵を描いたり、ダンスをしたり。ランドセルを再利用してポシェットを作ったこともありますし、針を使わずタオルでぬいぐるみを作ったこともあります。松ぼっくりなど自然の素材でオブジェを作ったこともありますし、一眼レフ用のレンズを作ったこともあります。

子どもたちが創造性を発揮できるのであれば、道具は粘土でもクレヨンでも、その子の体でも何でもいい。私たちはそう考えています。

とはいえ、ここまで説明してきたように、そのなかでデジタルは学びに卓越した有効性をもっていますし、私たちの強みを発揮できるジャンルでもある。そういう理由で、デジタル

ＣＡＮＶＡＳのワークショップでは、アナログもデジタルも両方やっている

関連のワークショップには力を入れてきました。プログラミングだって、発足した2002年からやっています。

当時、プログラミングはまったく人気がありませんでした。人気があったのは、粘土で人形を作って撮影し、アニメに仕立てるクレイアニメでした（これだけは20年間、不動の人気をたもっています）。

あの頃はプログラミング教室をやると、参加者の大半はゲーム好きな男の子でした。わざわざリケジョという言葉があるぐらいで、STEMの分野に興味をもつ女性の割合は低い。これは日本だけの現象でなく、国際的にも問題になっています。

私は大学ではロボットの研究をしましたが、やっぱり同じ学科の同級生に女性は一人。上の学年には一人もいませんでした。とはいえ、子どもの頃から算数が大好きでSTEM体質の私だって、母親がプログラマーであるにもかかわらず、プログラミングにはいっさい興味を示さない子どもでした。

流れが変わったのは2010年頃。スマホに続いてタブレットが登場し、コンピュータが人間の側にだいぶ近寄ってきたからでしょう。私たちのプログラミング企画にも人が集まる

デジタルのワークショップを体験してみれば、どの子も夢中になる

ようになりました。
ワークショップコレクションでも、デジタル系の出展をする企業が増えていきます。例えばデジタルファブリケーションといって、3Dプリンターを使ってもの作りをやると、子どもがすごく喜びます。自分の考えたものが、実際に形になるわけですから。
やってみたら誰もが夢中になるので、その面白さを知らなかっただけでしょう。それまでのデジタルには、近づきづらい雰囲気があったのかもしれません。この頃にデジタルのイメージが変わったのだと思います。
最近はプログラミング教室をやっている方からも「女の子がすごく多いよねえ」なんて

声を聞くようになりました。

学校への導入がなかなか進まなかった理由

海外にはチルドレンズ・ミュージアムのように、学校の外にも子どもたちが学べる場がたくさんあります。日本にはそういう場が少ないので、学校の外を盛り上げていこうというのが、ワークショップを始めた理由です。

その一方、ワークショップだけでは限界があることも感じていました。なにしろ日本の小中学生は1000万人もいるのですから。新しい学び方を日本中に広めるためには、学校にも入っていきたかった。

とはいえ、これがなかなか至難の道でした。学校に入るには、たくさんのステップを踏む必要があるためです。

例えば、2015年から東京都墨田区の区立隅田小学校でプログラミングの授業をやっていますが、正式な授業の形になるまで4年がかりでした。初年度は放課後のクラブ活動、2年目に先生がたへの研修をやって、3年目で総合学習の時間に入った。そして4年目、ようやく教科科目の授業に取り入れられた。

先生がたも一度体験してみれば、「こういう授業、アリだね！」と言ってくださるのですが、なにしろいま以上にプログラミング教育への理解がなかった。「絶対にやるべきだ！」という熱心な先生がいても、学校全体の方針になるまでには時間がかかるのです。いくつもステップを踏まないと、正式に認めてもらえない。

各教科には学習目標というものが存在し、それをどこまで達成できたかで評価がおこなわれます。ところが、私たちは「教科を超えた学び」「横断的で総合的な学び」を目指しています。根本の部分でズレがあるので、どのような学習効果があるのかという点が、従来の感覚では評価しにくかったのだと思います。

でも、私たちとしては「横断的」「総合的」を取り下げるわけにいかない。それこそ新しい学び方の根幹ですから。だから、時間がかかったとしても、相手を説得していく必要があったのです。

学習に困難のある子どもたちにとってICTは大きな武器に

それを考えると、特別支援学校へは、かなりスムーズに入れました。

例えば東京都世田谷区の都立光明学園では、2016年からずっと授業をやっています。これはマイクロソフトから声がかかって始めたプロジェクトです。マイクロソフトではアクセシビリティの観点から遠隔地在住、障害を持つ子どもたち、女性など現状、機会の届きにくい層を対象に活動する取り組みに力を入れてきたのです。

恥ずかしながら、私たちはそれまで、ハンディキャップのある人たちへのデジタル教育には取り組んでいませんでした。でも、この仕事を始めてみて、「学習に困難のある子どもたちにとって、ICT技術はここまで大きな武器になるのか」と気づかされました。

手足がうまく動かせないような子も、特殊なマウスを使えば、パソコンを操作できます。図工の時間に物理的なものは作れない子だって、パソコン上なら思い通りにもの作りができる。楽しくないはずがありません。

先生の一人から「プログラミングの時間だけは欠かさず出席してくれるんですよ」なんて、

嬉しい報告をいただきました。こちらは明らかに効果が見えるから、受け入れられやすかったのだと思います。その後、スクラッチやビスケットでゲームを作ったり、ロボットをプログラミングで動かしたりと、授業内容もどんどん豊かになってきています。

特別支援学校には、さまざまな種類、さまざまな深刻度の障害がある子どもが集まりますから、授業の進行が難しいのです。作品作りではかなり時間がかかってしまう子もいて、先生たちは頭を悩ませておられたでしょう。

でも、デジタルなら、それぞれの進度に合わせた個別最適化学習が可能になります。そういう意味で、この分野でのデジタル教育は、ますます重要になっていくと思います。

私たちも都立石神井特別支援学校で知的な障害がある生徒に映像表現の授業をしたり、佐賀県立中原特別支援学校ではオンラインの遠隔授業に挑戦したりと、この分野には継続して取り組んでいます。

初めて学校に入ったのは東北の被災地

ところで、「学校に入りたい！」と願い続けた私たちが、初めて学校に入ったのは

2012年。まさにプログラミングを通じてでした。

東日本大震災の被災地の方々から、「被災地の復興につなげるために、東北で重点的にワークショップをやってほしい」と声がかかり、宮城県の石巻市、気仙沼市、多賀城市、七ヶ浜町、亘理町、仙台市の小学校や公民館でワークショップを開催したのです。

お題は「プログラミングで、自分だけのゲームをつくろう!」。スクラッチを使い、ネズミがネコから逃げるゲームを作ったりしました。

時代的な制約もあったと思いますが、あくまで単発のワークショップでした。

とはいえ、そのあたりで、少し流れが変わります。まずは、2012年から中学校の技術家庭科に「プログラムによる計測・制御」というカリキュラムが入ります。

そして2013年に政府が出した成長戦略の素案にも、「義務教育段階からのプログラミング教育等のIT教育を推進する」との文言が入った。

なんとなく、「小学校でのプログラミング教育必修化が実現できるのではないか?」という雰囲気になってきたのです。実際は、そこからまだ7年もかかったわけですが、プログラミングへの関心の高まりは感じるようになりました。

一人1台のラズベリーパイを使ったプロジェクト

そんなタイミングでグーグルから声がかかります。プログラミング教育を本格的に全国へ広げていこうというプロジェクトで、２０１３年10月にはエリック・シュミット会長と記者会見までやりました。

プロジェクトの名前は「ＰＥＧ（プログラミング・エデュケーション・ギャザリング）」。ギャザリングとは、集まること。私たちのようなＮＰＯだけでなく、学校も、ミュージアムも、家庭も、地域も、企業も、自治体も集まり、総力戦でこの流れを盛り上げていこう、との思いが込められています。

第1章で書いたように、べつに先生一人がプログラミング教育を背負い込まなくていい、という考え方が根底にあります。

手のひらサイズのコンピュータ「ラズベリーパイ」５０００台をグーグルが提供してくれたので、一人1台の環境は用意されます。私たちはスクラッチなどを使ってプログラミングを展開する。

本当にプログラミング教育が必修化することになれば、こなせる人材が足りないのは目に見えています。そのときに何が起こるのか？　事前に知っていれば、いまから対策を立てておけます。環境面での不備とか、どういう教材が望ましいか、なんて具体論にも踏み込める。学校だけでなく、地域や企業とどう連携するかも考えたい——。

そんな問題意識をもっていたときだけに、グーグルからの呼びかけは渡りに船でした。

私たちは東京都品川区の区立京陽小学校で授業をやることになりましたが、さまざまな教科科目のなかへプログラミングをはめ込んでいった。おそらく現在の必修化のモデルにもなっているはずなので、それを紹介したいと思います。

必修化に先駆けて実施された京陽小学校の授業を見れば、「教科科目のなかへプログラミングをもち込む」ってどんなことか、イメージはつかめると思います。

輪ゴムが5万本なら、どうなると思う？

京陽小学校は教職員25人、児童数３４２人、全部で14学級の区立小学校です（２０１４年時点）。この児童全員にラズベリーパイを配布しました。

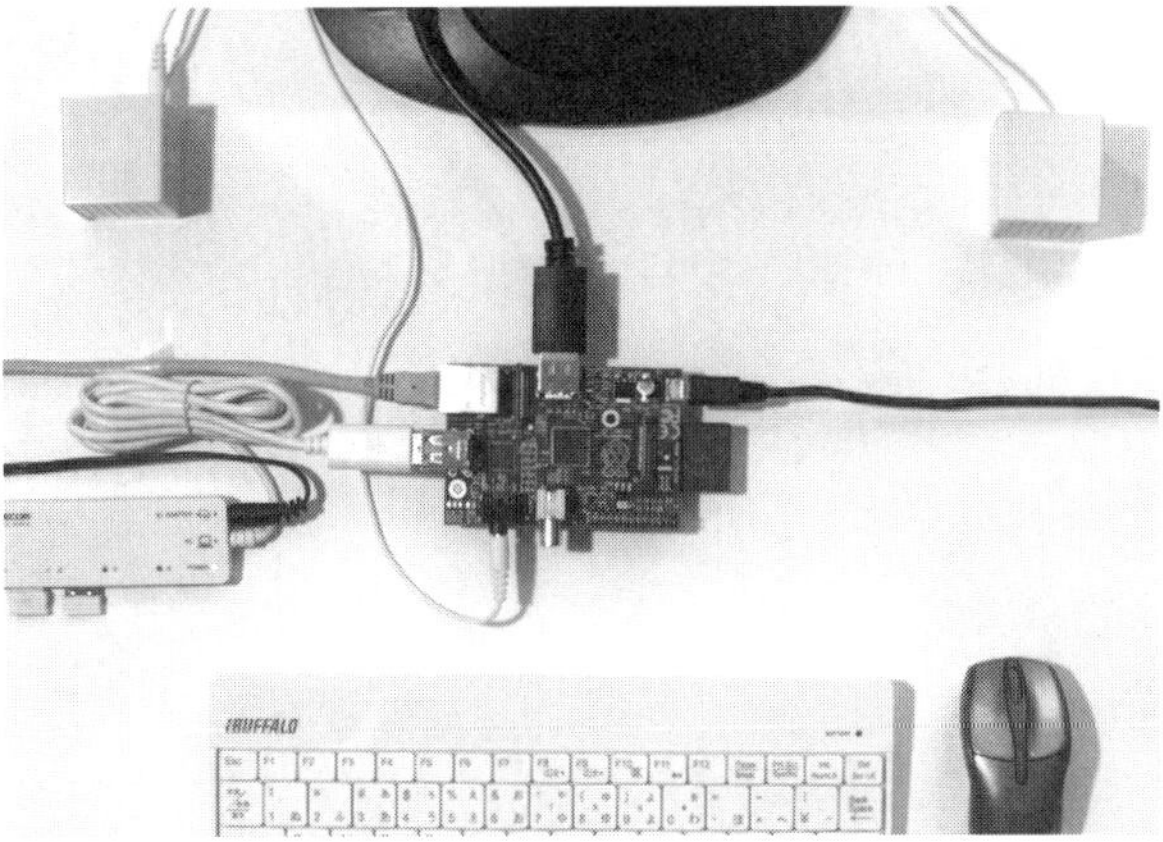

中央にある基盤がラズベリーパイ。外部機器と接続すれば可能性は無限大に

ラズベリーパイの見た目は基盤むき出しで、パソコンやタブレットより、むしろマイクロビットに近い印象です。ディスプレイもついていません。

でも、当時私たちが活用していたモデルは値段が４０００円もしないため、子どもたち全員に配ることができる。無線機能もあるし、拡張性も高いので、プログラミング教育には十分でした。

京陽小学校では図書室の一部をメディアルームに改装し、ディスプレイやキーボード、マウスなどを設置しました。授業はここでおこなわれた。ちなみに、授業で作った作品はどれもネット上で共有されているので、自宅にラズベリーパイをもち帰って、授業の続きをやることも可能です。

初年度のプログラムはこんな感じです。

1年生は市民科で「パソコンをつかおう」。2年生は算数科で「かけ算」。3年生は理科で「風とゴムのはたらき」。4年生は国語科で「言葉から風景を想像しよう〜短歌をデジタル画で味わおう」。5年生は音楽科で「音楽づくり」。6年生は市民科で「自分たちの学校、プレゼンテーション力」。

例えば理科なら、輪ゴムで車を動かします。まずは「輪ゴムの本数を増やすと、ゴムの力はどうなるだろうか?」と問いかけて、子どもたちに予想してもらう。

次に、スクラッチにプログラミングして検証する。スクラッチなら、輪ゴムで車を動かすシミュレーションが簡単に作れます。そのアニメを見ることで、本数による違いをより実感することができるのです。

ここで重要なのは、リアルの世界では難しいことでも、デジタルなら簡単に実現できてしまうこと。例えば「輪ゴムが5万本だったら、どうなる?」なんて実験すらできてしまう。これまではまず不可能でした。

京陽小学校での授業風景。２年生の算数の時間にかけ算をしている

算数だって同じです。これまで5～6年生で、五角形や六角形を描く授業がありました。でも、分度器と定規を使って描くには限界があります。正１００角形なんて、まず不可能でした。だから、誰ひとり、その実物を見たことがなかった。

デジタルなら、正１００角形はおろか、正1万角形だって、正10万角形だって、あっという間に描けてしまいます。これまでは「正多角形の角の数が増えれば増えるほど、円に近づいていきます」と文章で説明するしかなかったものを、目に見える形で納得させることができるわけです。

まさに「デジタルにしかできないこと」だ

と思います。

作曲をしたり、演劇を作る小学生

もちろん、「デジタルにしかできないこと」はそれで終わりません。

5年生の音楽の授業では、作曲をやりました。でも、考えてみてください。この本を読まれている親御さんが小学生のとき、作曲をするなんて考えられましたか？

これまで、作曲はすごく敷居の高い存在でした。楽譜が読めないといけないし、楽器もひけないといけない。ヤマハ音楽教室に通っていて、楽器をひくのが上手な子であっても、楽典を学んで専門知識を身につけないと、作曲まではたどり着けなかった。

ごくごく一部の例外を除けば、作曲なんて、ほとんどの小学生にとって無縁の存在だったはずです。

ところが、デジタルの世界では、簡単に音が出せるし、さまざまな楽器を使い分けることだってできる。適当に音を鳴らしているうち、それっぽいものができてしまう。「なんか気に入らないな」と思ったら、何度も何度もやり直しができる。

しかも、それを楽譜に落とし込めなかったとしても、機械が保存してくれる。鼻歌を楽譜に置き換えてくれるソフトもすでに存在します。これまでは、思いついた曲を記録として残すことが、小学生には難しかった。そのネックが消えたのです。

これが何を意味するか？ 表現のハードルが下がるのです。これまで、大半の子は作曲してみようなんて考えもしませんでした。でも、デジタルの力を借りれば、作曲は「ちょっとやってみようかな」という、身近な存在に変わります。

べつに作曲に限りません。図工の授業では、プロジェクションマッピングを使って、演劇をやりました。

これまで演劇をやろうと思ったら、大道具をたくさん作らないといけなかったし、そのためのコストもかかりました。時間的にも費用的にも、敷居が高かった。でも、プロジェクションマッピングなら、大きな白い布を用意するだけです。あとはパソコンの画像データを投影すれば、下準備が不要になる。コストが劇的に下がるわけです。

すると子どもたちは「ちょっと演劇でもやってみようかな」と感じるようになる。チャレンジするときの心理的ハードルが劇的に下がるわけです。

作曲や演劇にかぎりません。アニメや映画を作るのも、これまでは高価な機器を買いそろえる必要があった。いまはパソコン1台あれば、幼稚園児でも作れます。

これまでならさまざまな制約があって、一部の恵まれた人しか創作活動ができなかった。それを万人に開放したところに、デジタル革命のすごみがあると思うのです。まさに「デジタルにしかできないこと」だと思います。

音楽や図工にデジタルはより向いている

絵画だって同じでしょう。

子どもたちを見ていると、10歳頃から絵を描かなくなる子が出てきます。このぐらいの年齢になると、大人からの評価を気にし始めるからです。周囲の友だちと比べて上手か下手か、みたいなことが気になって、チャレンジそのものをやめてしまう。創作する喜び自体が奪われてしまう。

大人は知らず知らずのうちに、自分の価値観を子どもに押しつけています。お絵描きのワークショップのとき、クリスマスツリーをクレヨンで青く塗り始めた6～7歳の子に、お母さんが「葉っぱは緑でしょ！」と注意するシーンを目撃したことがあります。その子はその場で、絵を破り捨ててしまいました。「どうして破っちゃったの?」と聞くと、「上手に描けなかったから」と答えます。

本当にこの絵は上手ではなかったのでしょうか? 創作活動なのだから葉っぱが青かろうと、赤かろうとかまわないじゃないかと思うと同時に、その子が創作意欲を失ってしまうのではないか、と心配になりました。

同じように図工の時間に、絵を描くことに自信をもてなくなってしまった子も、デジタルなら簡単に描けます。特に幾何学模様を組み合わせてデザインするなんていうと、誰でもそれなりのものができるので、楽しくなる。うまくいかなくても、何度も何度もやり直せる。きっと「もっと描いてみようかな」と感じるはずです。

子どもたちを「ちょっとチャレンジしてみようかな」という気分にさせる。ありとあらゆる創作活動を、身近なものに変身させる――。これこそデジタル教育の最大の価値だと思います。

短歌をアニメにしてみよう

4年生の国語の時間には、「言葉から風景を想像しよう」という授業をやりました。短歌を読んで、頭に思い描いた情景を、それぞれがスクラッチでアニメーションに落とし込んでいくのです。

子どもたちが使用する絵も音もさまざまです。小学生の能力ではまだ言語化できないようなことも、アニメにすると違いが現れてきたりします。

こんな短い言葉しか書かれていないのに、さまざまな解釈が出てくることに驚きました。子どもたちの感性は、大人が思っている以上に多様なのです。

だから、大人の考えるゴールへ導こうなんて、決して考えてはいけません。その作品が技術的に上手かが大事なのではありません。技術だけでいえば、機械のほうが人間より上手に描く時代はすぐそこまできているのですから。

大切なのは、その子が何を感じ、その作品で何を伝えたかったかをしっかり聞いて、その思いをわかち合うことです。

子どもが創作に専念できるよう、大人は寛容になるのがいいと思います。「自分はこう感じるんだから、どう表現しようが間違いじゃないんだ」と子どもたちが確信してはじめて、ダイナミックな表現は生まれてくる。

音楽や図工など創造性を育む教科に、デジタルはより向いていると思いますが、それは技術面だけではないのです。子どもたちの創作意欲を奪わないという点でも、デジタルの導入は意味が大きいと思います。

クイズ形式にすることで、主体的に学ぶように

ここまで「作りながら学ぶ」ことの価値、「主体的に学ぶ」ことの価値をくり返し強調してきましたが、それを再確認できたのが、５年生の国語でやった「同音異義語クイズをつくろう！」でした。

「『駅についた』の『ついた』はどんな漢字？」
「『今日はあつい』の『あつい』はどんな漢字？」

みたいなクイズを、スクラッチで作っていくのです。一方的に教えられるのでは「ふーん。

そうなのか」程度で終わるテーマだと思うのですが、クイズ形式にすると、クラス全体がものすごく盛り上がります。

三択で回答させたい。正解だったら効果音が鳴るようにしたい。児童同士で問題を出し合うようにしたい……いろんなアイデアが出てきて、形式が決まっていきました。

面白いのは、ここからです。こちらは何も指示していないのに、「ほかにはどんな同音異義語があるんだろう?」と、主体的に調べ始めたのです。子どもたち同士で相談しながら、それを難易度別に分類したりもし始めた。

これは5年生の社会の時間に、歴史クイズを作ったときも同じでした。授業で習ったことは、みんな知っている。驚かせるには、みんなが知らない問題を出すしかない。

ものを作ろうとすると、何がしかのインプットが必要です。インプットがゼロのまま、ものの作りをすることはできない。彼らはそれに気づき、自分から情報をとりにいく行動に出た。クイズ形式にしただけで、学びが主体的なものに変わったわけです。

自分が作ったもので、クラスメートに遊んでもらう。これまでの一方通行の授業には存在しない体験です。友だちに遊んでもらうとなれば、ビックリさせたいし、笑わせたいし、「ためになった！」と言ってもらいたい。だから誰に指示されるでもなく、自分から懸命に調べるようになった。

私はこれからの時代、「学び合い」がより価値をもってくると考えていますが、まさにそういう理由なのです。スクラッチを紹介したときに、承認欲求がモチベーションになって、より創作に打ち込むようになると話しましたが、あれもネット上で学び合いをやっているのだと思います。

学び合いは、主体的な学びと深くつながっている。これも、簡単にもの作りでき、簡単に共有できるコンピュータの存在あってこそです。私が「教育のデジタル化は学び方を変える」とくり返す意味が、少しはご理解いただけたでしょうか。

映像で見るほうが理解しやすい

プロローグでも書きましたが、私は「デジタルか、アナログか」と二項対立で語られる風潮に違和感をもっています。

デジタルのほうが効果を上げるならデジタルを使えばいいし、アナログのほうが効果を上げるならアナログでやればいい。それだけの話です。「すべてをデジタルに置き替えろ」なんて話ではなく、バランスをもった使い分けなのです。

そういう意味で、これからもアナログな授業があっていいと思うし、紙の教科書も残っていいと考えています。

ただ、さきほどの輪ゴムの実験や正多角形にかぎらず、例えば理科の天体など、映像で見たほうが理解しやすいものは確実に存在します。大人だって、教科書を読んでも理解できなかった地震のメカニズムが、ＮＨＫスペシャルのＣＧ映像を見て理解できた、なんてことがありますよね。それとまったく一緒です。

文科省の２０１４年の調査では、コンピュータを使った学習に対し、小学校高学年の約95%が「楽しい」と答えています。同じゴールにたどり着くのに、楽しくできるのであれば、それにこしたことはないでしょう。

九九やひらがな・カタカナ、漢字といった基礎知識は、いくらインターネット時代になったといっても、ある程度は頭に入れておく必要があります。すべてを検索していたのでは効率が悪いし、そもそも文字を知らなければ検索もできません。

基礎知識を頭に叩き込むには、従来の詰め込み方式のほうが効率的だというのであれば、反対はしません。アナログでやってもいい。ただ、そうした基礎知識の獲得ですら、デジタルを使えば、もっと楽しく進められる可能性がある。ゲーム形式で楽しく学べるデジタル教材はたくさん出ています（次章で紹介します）。

もっとも大切なのは、その子が退屈せずに続けられるかどうかです。これまでのように紙の教材を使って、先生が教壇から一方的に教える方式だと、途中で脱落してしまう子が必ず出てきました。そんな子も、デジタル教材なら退屈せずに続けられる可能性があるとしたら、頭ごなしに否定するのは乱暴だと思うのです。

「ゲームで遊ぶ子」から「ゲームを作る子」へ

面白いことに、そうした楽しく学べるデジタル教材が、子どもたち自身のなかから生まれてきています。プログラミングを使えば、子どもが教材の作り手になれてしまう。デジタル化以前には考えられなかったことです。

しかも、作る過程では、主体的に勉強するのです。さきほどの同音異義語クイズや歴史クイズと同じです。まずはインプットしないと、アウトプットは無理。教材を作るという行為は、学ぶことを前提としているわけです。

特に漢字を覚えるのは、子どもたちにとって関門なのでしょう。いろいろ工夫を加えた漢字ドリルを、子どもたち自身が作っている。

例えば、小学4年生の女の子が作った漢字ドリル。スクラッチで作った作品ですが、ゲーム形式になっていて、妖怪に囚《とら》われの身となったお姫様を助けるために、漢字問題に答えるという作りになっています。

妖怪は「姫を返してほしければ、これから俺の言う漢字はどれか、クリックしろ」と、選択式の問題を次から次へと出してきます。これを8ステージぶんクリアすれば、無事、お姫様救出となるわけです。

この子は筆で半紙に漢字を書き、それをスキャンして、このドリルに取り込んでいます。自分なりに工夫を加えている。音楽はスクラッチのライブラリにあるものを使ったようですが、それなりに臨場感がある。「双子の弟のために作った」と言っていましたが、遊びながら、楽しく学習できます。

そして何より重要なのは、この子自身が、このドリルを作るために漢字を調べまくったであろうこと。この子には「学ぶ動機」があった。そうやって身につけた知識は、この子自身にも定着しているはずです。

自分たちが学ぶ教材を自分たち自身で作る。デジタルのおかげで、すばらしい時代がやってきたなと思います。

自分のレベルに合わせられる漢字ゲーム

この漢字ドリルはスクラッチのサイトで公開されていますから、「このレベルじゃあ、もの足りないな」という子は、リミックスして、より難易度の高い漢字ドリルに変えることが可能です。共有しているから、発展性があるのです。

私は「デジタルの強みって何ですか？」と聞かれたときに、必ず三つの特徴を答えます。創造、効率、共有です。

デジタル教育がどう創造性に結びつくかということは、ここまでさんざん見てきました。

これまでの教育に比べて効率がいいという点も、個別最適化による学習時間の短縮を考えれ

クレイアニメを撮影しているところ。綿を積み上げて雲を作った

ば、実感できるはず。

そこで、ここでは共有の話をさせてください。

ワークショップをやっていても、情報が共有されることで、全体のレベルがグンと上がる瞬間をよく目にします。例えばクレイアニメを作っているとき、あるチームがワイヤーを使って、空を飛ぶシーンを撮影します。大人にとっては当たり前のテクニックかもしれませんが、子どもたちはそれを見て、目を丸くします。

「そうか。空間って三次元的に使えるのか！」

粘土で作ったものは地面に置くのが当然だと思っていた子にとって、目からウロコが落ちる体験なわけです。

すると、周囲のチームもワイヤーを使い出します。といっても、単に真似するだけではありません。背景の壁に固定することで空中に浮かべたり、ブラッシュアップした使い方を考える。スクラッチでいう「リミックス」をやるわけです。

すると、今度は最初にワイヤーを使ったチームが、それを見て驚く。さらに工夫を付け加える。そうやっておたがいに刺激を与え合うことで、全体の作品レベルがどんどん上がっていくのです。

他人に説明するには、言葉を使うしかありません。自分の考えたこと、やったことを言語化する訓練にもなるわけです。もやもやっとしていたアイデアが、その過程で明確になっていくケースも多いのです。

子どものうちからチームで動くことの意味

ＣＡＮＶＡＳのスタッフが面白い指摘をしていました。

「一人でやるより、チームを組んだほうが、『ああでもない、こうでもない』の回数が増える気がするんですよね」

チームを組んで活動するほうが、会話は増え、試行錯誤の回数も激増する

一人でやるときより、試行錯誤の回数が増えるというのです。つまり、チーム内で情報共有し、次に外のチームとも情報共有すれば、そのぶん会話は増え、言語化を迫られる機会も増える。アイデアがさらに湧いてくるから、試行錯誤の回数も飛躍的に増えていく。それだけ学ぶ機会も増えるということです。

つまり、情報は共有すればするほど創造に結びつく。そして、その情報共有こそ、デジタルが何より得意とするものなのです。

スクラッチなら、気になる作品がどう作られているのか、その中身が見られると話しました。いまのクレイアニメでたとえるなら、どういう素材のワイヤーを、先端から何センチのところに、何センチの深さで取り付けて、そのときの重心の位置はここで……というところまで見える。まさに完コピ状態からリミックスをスタートできるわけです。

クレイアニメの場合、各チームが粘土で作った作品は違いますから、それぞれ重心の位置が違う。見よう見まねでワイヤーを取り付けたとしても、うまく吊り上げられない可能性があります。空を右から左へ飛んでいくウルトラマンにしたいのに、斜め上に急上昇するウルトラマンにしかならないかもしれない。

でも、デジタルなら、そんなことは起こりません。空を横切るウルトラマンの状態からリミックスを始められる。これも「デジタルにしかできないこと」です。

古典映画をリミックスして新しい作品を生み出す

スクラッチの説明のところで「『真似すんなよ！』なんて怒る子はいない」と書いたように、彼らは共有することの価値を理解している印象があります。

情報を囲い込むのではなく、どんどん公開していく。「引用されるのが格好いい」と考える。完全に仕上がってから公開するのでなく、完成前の段階で発表して、みんなの反応をフィードバックしながら完成させていく……。

いまの子どもたちがもっている感覚は、時代を先取りするものだと思います。私はどんなものでも、どんどん共有して、リミックスすればいいと考えています。アーティストが古典の模写からスタートするように、新しいものは模倣のなかから生まれてくる。黒澤明監督も「創造は模倣だ！」の言葉を残しています。

小さな子どもを見ていても、お絵描きはだいたい何かの真似から始まります。それが時代によってポケモンなのか、ミッキーマウスなのか、ガチャピンなのか、鉄腕アトムなのか、の違いがあるだけです。

もちろん著作権の問題は軽視してはいけませんが、原作者へのリスペクトさえ失わなければ、クリアできる問題も多いのです。

私たちは2008年から「ガキネマ」というプロジェクトを実施しました。「ガキの使い」のガキと、シネマを組み合わせたネーミング。古典映画のシーンを組み合わせて、子どもたちに新たな映像コンテンツを作ってもらう企画です。

使用する素材映画は「スーパーマン」「ポパイ」「メトロポリス」「驚異の透明人間」「トム

とジェリー」「キッド」などなど。子どものワークショップでしか使わないことを条件に、権利者から無償で提供していただいています。

映画はあらかじめ15秒程度に細分化し、「何か始まるのシーン」「何だこりゃのシーン」「すげーっのシーン」といったように、大まかに分類しておきます。子どもたちは起承転結を考えながら、素材映像を組み合わせ、さらにセリフやナレーション、効果音などをつけ加えて、新しい作品を創り出すのです。

この過程で、オリジナル映画を作った人の苦労もイメージできるようになります。ここで原作者に対するリスペクトが生まれる。「著作権があるからダメ！」と頭ごなしに禁止するより、よっぽどいい著作権教育になると思います。

実際、スクラッチとの付き合い方を見ていても、時間をかけて作品を作る苦労を体験し、その作品が一度でもリスペクトされた経験をもつ子どもは、著作権を軽んじることはありません。リミックスするにしても、原作者へのリスペクトを忘れない。著作権問題も、そちらの方向で解決するのがいいと思うのです。

ソーシャル意識が高い現代の子どもたち

いまの子どもを見ていてすごく感じるのは、私たちの世代と比べても、はるかにソーシャル意識が高いこと。リミックスした作品の原作者をリスペクトするのと同様、「自分だけ得すればいいや」という風にならない。

自分は社会の構成員の一人であって、そこで起きる問題を解決する責任は自分にもあるのだ、という意識が強い。

いまの子にとって、社会は外にあるものではないのです。だから、課題を発見したときも、「自分がやらなくたって、誰か賢い人が解決してくれるだろう」ではなく、「自分なら何ができるのか？」と発想する。「自分のアイデア次第で、社会はより良いものに変えていけるんだ」という当事者意識がある。

前からそう感じていたのですが、コロナ禍によって、それが加速した印象があります。それぞれが自分の欲求だけを追求していたのでは、全員が不幸になる。そんな同時体験をしたのだから、当然でしょう。

実際、私たちが開催している「全国小中学生プログラミング大会」でも、こちらが指定したわけでもないのに、社会課題解決型の作品がすごく多いのです。プログラミングついでに、その話もしておきたいと思います。

全国小中学生プログラミング大会は２０１６年に始まった大会で、毎年1回、開催しています。

プログラミング教育に対する私たちのスタンスと同様、ここでもプログラミングの技術だけを評価するのではなく、発想力、表現力、プレゼン力なども含めて、総合的な評価をおこなっています。

そういう意味で、評価軸は多様なのです。アイデアが面白い子もいれば、プレゼンがすごい子もいる。大人顔負けの技術力をもつ子もいれば、「よくここまで根気強く続けられたなあ」と持続力に脱帽してしまう子もいる。

ひとつの評価軸で優劣を競うものではないので、コンテストではなく大会と名づけているわけです。

だから、どんなテーマを選んでもおかしくないわけですが、なぜか社会課題を解決するようなテーマが多いのです。

小学6年生が作る点字翻訳ソフト

2020年の第5回大会だと、小学校高学年部門・優秀賞をとった小学6年生男子の「点体望遠鏡」は、まさにそんな作品。ひらがなやカタカナを点字に翻訳してくれるソフトで、視覚障害者センターの人にも声をかけて、テストをくり返したといいます。

完成までには何年もかかったそうです。大会に応募するような子は、本当に粘り強い子が多い。将来、どんな職業につくにせよ、この粘り強さは必ず力になると確信しますし、同時に「本当に主体的な学びであったら、こんなに長く探求し続けられるものなんだなあ」とも再確認できます。

受賞にいたるレベルの子たちは、自分の思いを言語化して、知らない人に伝えることができるということです。言語化能力が高いし、情熱も強い。何年間もかけて作品を作り上げるというのは、中途半端な熱量では不可能なことだと思うのです。

「交通事故が起きない交差点」のシミュレーター

もう少しご紹介しておきましょう。２０１９年の第４回大会は、特に社会課題解決型の作品が多かった年です。

まずは、グランプリをとった小学２年生男子の「現実シリーズ２　渋谷スクランブル交差点信号機」。

夏休みの自由研究で、スクランブル交差点に何度も通い、観察したのが始まりです。そして、そのうち「交通事故が起きない交差点が作りたい！」と考えるようになり、交差点のシミュレーターを作ってしまった。

交通量の多さを見て、そこから「交通事故を防ぎたい」と発想するあたり、ソーシャル世代だなあと思ってしまいます（ちなみに、この作品はスクラッチで作られています。複雑なシミュレーターが作れるほど「天井が高い」わけです）。

準グランプリをとった小学3年生男子の「会話おたすけ音声ロボット」は、レゴ・マインドストームで作った作品。スティーブン・ホーキングさんの映像を見て、言葉が話せない人ともコミュニケーションがとれるようにしたいと考え、レゴブロックでグローブを作り、それで指さすことで音声が出るシステムを作った。

小学校高学年部門・優秀賞をとった小学6年生男子の「Ｆａｍ・ｉｋ」は、動機が面白い。病院に行ったときに、小さな子どもを連れたお母さんが苦労しながら問診票を書く姿を目撃して「なんとかしなきゃ」と思ったそうなのです。

そこで、スマホにいろんなデータを登録しておけば、お医者さんと共有できるのではないかと考えた。何度の熱が何日続いたとか、お医者さんにいちいち説明しなくたって、折れ線グラフで出てくる。家族とも共有できるので、みんなの健康状態がわかる。

ソーシャル意識が高いあまり、赤ちゃんをあやしながら問診票を書かなくていいアプリを作ってしまったわけです。

入選した小学3年生女子3人組の「未来のごみ箱～ＣＡＮＢＯ～」も、そんな作品。環境にやさしいゴミ箱を作りたいという思いから、機械学習するゴミ箱を考えた。ゴミ箱の前にビンを置くと、画像でビンだと認識し、その場所に入れる。ペットボトルを置いたら画像でペットボトルだと認識し、その場所に入れる。

この年は10個ある賞のうち、なんと4個が社会課題解決型でした。

自分が子どもの頃、社会課題について考えていたかというと、まったく目も向けていませんでした。いまの子どもたちは、その課題は自分にも解決しうると考え、それを助けてくれるのがテクノロジーだと理解している。心強いかぎりです。

こういうデジタルキッズが、新時代のニューノーマルを作っていくのだと思います。

第4章

子どもとスマホのいい距離感とは

0歳からのデジタル教育

機械翻訳があるのに、なぜ英語の授業を受けなきゃいけないの？

ここまで3章にわたって、学校における学びはどう変わるか、という話をしてきました。この章では、家庭における学びの話をしましょう。

学校から帰ったあとの児童・生徒の学びはどうあるべきか、小学校に上がる前の乳幼児の学びはどうあるべきか、親はどういう心構えをすべきか、といったテーマです。子どものデジタル機器との付き合い方についても考えたいと思います。

最初にお願いしたいのは、これまでの常識を一度疑ってみてください。まったく新しい時代がくるのだから、発想転換が不可欠なのです。

例えば、英会話。人間の耳の機能は3〜7歳ぐらいまで急速に発達して、そこでほぼ完成するといわれます。なので、乳幼児のうちに「英語耳」を鍛えたほうがいいと考え、英会話教室に通わせる親が少なくありません。

科学的には、それで正しいのかもしれません。しかし、機械翻訳の技術は急激に発達しています。私の子どもも「ポケトークがあるのに、なんで英語の授業を受けなきゃいけないの？」

とボヤいています。これまでの常識が崩れつつある。

総務省の外郭団体である国立研究開発法人・情報通信研究機構が作った「ボイストラ」という自動翻訳アプリは、すでにＴＯＥＩＣ８００〜９００点のレベルに達しているそうです。９９０点満点のＴＯＥＩＣでこのスコアですから、すでに大半の日本人の英語能力を超えています。

しかも、このアプリ、無料で入手できるのです。多くの人が使えば使うほど、翻訳の精度は上がっていくので、「英語は機械まかせでいい」なんて時代がくるのは、そう遠い未来ではないかもしれません。

もちろん、自動翻訳の技術が完成したとしても、語学を学ぶことの価値が失われることはないと思います。異文化を理解するには、言葉を学ぶことが欠かせない。

とはいえ、日本人は英語を習得するのに、中学・高校で９１０時間もの時間をかけている。小学校での授業や就学前まで合わせれば、１０００時間を超えるでしょう。ごくごく一般的な日本人がどのぐらいの時間を費やすべきなのか、あらためて問い直されるのではないでしょうか。

それなら英語は機械にまかせてしまい、もっと創造的な学びに時間を回したいと考える人も少なくないのではないでしょうか。

「AIにできない仕事」とはどういうものか

AIに仕事を奪われないためには、どうしたらいいか？　答えはいたってシンプルです。AIにはできない仕事をやればいい。

この本で私が「創造力」「表現力」としつこいほどくり返しているのは、それが人間にしかできないことだからです。遠い未来のことはわかりませんが、少なくとも近い未来までは、なかなか機械に置き換えられない。

だからこそ、むしろ機械のほうが得意な「記憶」で勝負するのでなく、創造力・表現力のほうで勝負しましょう。そのために学びの形を変えていきましょう。というのが、本書の主張なのです。

そうやって考えたとき、英会話はどこに位置するでしょうか？

語学はすべて自動翻訳で済ませる時代がやってきたとして、そこで必要になる能力は何かと言えば、その機械に、自分の言葉を正確に伝える能力です。機械が誤解するような日本語では、正確に翻訳してもらえないからです。

ネット上にはこんなレビューがあふれています。

「自動翻訳の技術はまだまだだ。このアプリも誤訳ばっかりだ」

でも、ボイストラのＴＯＥＩＣ８００点超えが事実なのだとしたら、ロジカルで、機械にも理解できる日本語を話していない可能性がある。

英語をきちんと話すためには、ロジカルな日本語を身につけるべし——。

これって、何かに似ていませんか？　そう、プログラミングです。コンピュータにも、日本人のお家芸「以心伝心」「阿吽《あうん》の呼吸」が通用しません。あいまいな命令ではピクリとも動いてくれないので、ロジカルな日本語で命令を出す必要がある。

来たるＡＩ時代、日本語をロジカルに組み立てる能力は、これまでにも増して重要になってきます。「子どもを国際人にしたいなら、日本語力を磨け！」と言われて、戸惑う親御さんもいるかもしれませんが。

それぞれが日本語、英語、スペイン語、中国語、アラビア語、タイ語、韓国語で好き勝手にしゃべっている。それなのに、お互い理解し合い、会話はスムーズに進行している。そんな時代が実現したとき、大切なのは「いかに流暢《りゅうちょう》に話すか」ではありません。評価されるのは「何を話すか」です。

相手をアッと言わせる発想力を磨く。創造性や表現力を身につける。それが大事だと私は考えるのですが、読者のみなさんはどうでしょうか。

親の役割はどう変わるか

では、今後、親の役割はどう変わっていくのでしょうか?

「私はパソコンが苦手だから、子どもに教えるなんて、とうてい無理! プログラミングが万人の基礎教養だとかいっても、どうしようもないじゃない……」

肩を落とされている親御さんがおられるかもしれません。でも、大丈夫。プログラミングができないなら、子どもと一緒に学べばいい。第2章で見たテキストコードを使わないプログラミング言語は、子どものためだけに作られたものではないのです。

スムーズに操作できなかったとしても、恥ずかしがる必要はありません。むしろ大人になっても一所懸命に学び続ける姿に、子どもは尊敬の念を抱くでしょう。生涯学習時代のロールモデルになるので、ぜひ親が学ぶ背中を見せてあげてほしい。

京陽小学校での授業のとき、ほほえましい光景を見ました。個人差はあるものの、子どもたちは比較的、スムーズにラズベリーパイに慣れました。むしろ先生がたのほうがぎこちない感じでした。

そして、先生が前回のおさらいを画面でデモンストレーションしたときのこと。「先生、それ違います!」「次は黄色いブロックです!」なんて声が、子どもたちから次々と上がったのです。

でも、先生をバカにした雰囲気は全然ありません。むしろ「ともに学ぶ仲間」と見ているようでした。これまでにないフラットな関係を築いているのを見て、私は「なんか、いいなあ」と感じてしまいました。従来の、先生から一方通行で知識を伝えるようなムードがまったくなかったからです。

これからの時代、「学び合い」「教え合い」が重要になることは、何度か指摘しました。社会が複雑になり、情報量も激増して、全体像を見渡せる人が少なくなっているからです。そんな複雑な社会では、それぞれが強い分野について人に教え、弱い分野について教えてもらう方式で対処するしかない。

誰もが教え手になり、誰もが学び手になる――。先生だって例外ではありません。ときに児童・生徒から教えてもらうことがあっていいのです。親だって同じです。プログラミングでわからないことが出てきたら、子どもに教えてもらえばいい話です。

学びの場面では親子はフラットになる

もちろん、社会が変化しようが、変わらない親や学校の役割はあると思います。

どんなときでも子どもが安心できる居場所を作る。子どもの悩みを察知して相談に乗ってあげる。子どもがトラブルにあったら助け出してあげる……。こうした基本的な役割が、今後も重要でなくなることはありません。

とはいえ、こと学習に関して言えば、少し役割は変わってくる。以前よりフラットな関係になるようなイメージです。

第1章で「先生の役割はファシリテーターになっていく」と書きました。親も同じで、ファシリテーターになるといいのです。

英語の「ファシリテート」は、ものごとを円滑に進めさせる、といったニュアンスの言葉。子どもの興味を引き出し、主体的な学びを手助けするのがファシリテーターです。一方的に知識を伝える存在ではなく、伴走してサポートする存在。

ワークショップでも、子どもの手が止まってしまうときがあります。そんなとき、ファシリテーターがすさかず声をかけて、一緒に悩む。「これは、どういう思いで作ったの？」なんて質問をすると、子どもはどうしてその表現を選んだか、ここまでにどういう工夫をしたか、話してくれます。すると、言語化するうちに考えが整理されるのでしょう。いきなり次のアイデアが浮かんだりする。

ファシリテーターは、従来の先生のように答えを教える存在ではありません。その子自身が答えを見出せるように誘導する存在です。つまり、主体的な学びになればなるほど、ファシリテーターの役割は重要になる。

ファシリテーターは一緒に探索し、一緒に学ぶ仲間ですから、ときに子どもから教えてもらうことがあっていい。むしろ、学校で習ったプログラミングをどう親に伝えるかを考える過程で、その子の言語化能力は磨かれます。

「レポートはスマホで書くほうが速い」という感覚

親御さんから、こんな心配の声を聞いたことがあります。

「私はパソコンの画面を見るだけでは、内容がちっとも頭に入ってこないんですよ。だから仕事でも、すべてプリントアウトして読んでいる。デジタル教育に反対じゃないけれど、パソコンやタブレットの画面を見せるだけで大丈夫なんでしょうか?」

その感覚は、なんとなく理解できます。でも、デジタル機器の進化とともに、人間の感覚も変わっていくものだと考えています。

私は高校でＰＨＳ、大学ではｉモードという世代です。そんな私でも、いまの大学生がスマホでレポートを書いているのを見て、腰を抜かします。

私の感覚では、キーボードを使ってパソコンでやるほうが、百倍速い。スマホで長文を打つなんて、ちょっと考えられません。ところが、彼らに聞くと、「パソコンでやるより速い」と言うのです。そこまで感覚は変わってきている。

私の子どもはスマホもタブレットも、すべて音声入力です。よく「キーボードが打てない大学生が増えている」なんて言いますが、それも納得です。でも、それで間に合っているのなら、キーボードが打てなくても問題なくなるときがくるのかもしれません。

すでに10年前、中学生の子たちが試験前に友だちのノートを動画で撮影しているのを見て、ビックリしました。私世代の感覚だと、ケータイで写真を撮ります。でも、そんなまどろっこしいことをしているより、動画を撮影しながら、１枚１枚ページをめくるほうが速いというのですね。そういう使い方があったのかと目からウロコでした。

もちろん大人だって、感覚は変わってくるものです。私はさまざまな組織で仕事をしていますが、どこにも専用の机は置いていません。だから、資料はかなり早い時期に完全デジタル化し、パソコンやタブレットに入れてもち歩いています。

そんな私も、「新聞だけは紙でないと読めない」と思い込んでいたのです。ところが、ｉＰａｄミニが出たときに、日経電子版の有料会員に登録してみた。すると、意外なことに画面で読むのが苦にならない。「紙でなくても大丈夫じゃん」と思ったところから、さらに画面の小さなスマホで新聞を読めるようになるまでは、あっという間でした。

人間の適応力は、思っているよりすごいのだと思います。いまは紙でしか資料を読めない大人も、慣れれば画面だけでＯＫになる可能性はあると思うのです。

転換点だった２０１０年に感じたこと

実は、「デジタルネイティブたちの感覚は、大人である私たちの感覚と違うのではないか？」と思い始めたのは、かなり前、２０１０年頃です。

ワークショップをやると、それまでになかった光景が見られるようになりました。紙の絵本なのに、ピンチアウト（２本指でタッチスクリーンを触って拡大すること）しようとする幼児が出てきたのです。

同じようにテレビ画面をタップ（タッチスクリーンに軽く触れること）したり、スワイプ（タッチスクリーンに指を置いて上下に動かすこと）する子も増えました。

２０１０年は、日本のデジタル教育にとって、大きな変わり目になった年です。

ひとつは、第１章で見たように、当時の民主党政権が「２０２０年に一人１台の情報端末を実現する」と目標にしたこと。それまで文科省は学校に生徒がケータイをもってくること

幼児でも簡単に動かせるタブレットの登場は、コンピュータを人間に近づけた

にすら反対していたので、１８０度の大転換です。

もうひとつは、すでに普及し始めていたｉＰｈｏｎｅに続き、アップルがｉＰａｄのような、少し画面の大きなタブレットを発売したこと。アマゾンもキンドルという電子書籍リーダーを発売しました。さまざまなデバイスが現れた。

いわゆるパソコンに比べると、どれも直感的に使いこなせるデバイスです。言ってみれば、コンピュータが人間に近づいてきた。

実際、この頃に生まれた私の息子は、１歳になる前からタブレットで遊んでいました。赤ちゃんの手でも、触ったらビュッと動くのです。すごく大きな変化だなと感じました。

ここまで簡単に使えるなら、パソコンとは比較にならないほど普及するだろう。子どもとデバイスの関係も大きく変わるはずだ――。そう直感しました。

子ども向けのデジタルコンテンツが続々と登場してくるだろうし、場合によっては子ども自身が作るコンテンツだって現れるかもしれない。そこで私たちは2011年、「デジタルえほん」という会社を作ったのです。

紙にはない「デジタルえほん」の強み

私の関心はつねに「場作り」にあります。

CANVASを始めたのも「メディアラボのような創造の場が作りたい！」という思いからですし、ワークショップコレクションも、日本中の新しい学びを集めた場が作りたいということからでした。

だから、「デジタルえほん」についても、自分たちでも制作はするものの、良質なコンテンツが集まってくる「場を作る」ほうに興味があった。そこで、早くも会社設立の翌年には、

「デジタルえほんアワード」を始めています。

あまりにたくさんコンテンツがあると、保護者も選びきれません。販売サイトのレビューも信頼できるものばかりではない。そこで、良質な作品を紹介する場が作りたかったのです。それによってデジタルえほんが売れれば、作品の質もどんどん上がり、市場としても育っていくはずだと。

アワードの評価基準は、いくつかあります。まずは、消費するだけの作品ではなく、子どもに創造する余地があるもの。やっぱり「作りながら学ぶ」ことを大切にしたいのです。次に、親子のコミュニケーションを誘発するようなもの。もちろん、友だちとのコミュニケーション・ツールとしてもいい。

そして、デジタルにしかできない表現がなされていること。見たことがない世界、体験したことがない世界を作ってほしい。例えば、紙ならページ数がありますが、デジタルだと絵巻物のように、ページが存在しない絵本が作れます。

従来の絵本の延長線上に「デジタルえほん」を考えたのではなく、ありとあらゆるデジタルコンテンツの総称にしたかったのです。

「ダンボッコキッチン」にスマホをセットすれば、本物さながらのおままごとに

デジタルなら効果音がつけられますし、VRやARの技術を使えば、空間そのものを舞台にすることだってできる。第5回の受賞作にはそんな作品が多く、新たな可能性を感じさせてくれました。

第4回でグランプリをとった「ダンボッコキッチン」を例に出しましょう。段ボール製のフライパン、鍋、まないたをセットにした商品です。底にスマホを取り付けられるようになっています。スマホと連動させることで、ジュージューと音を立てながら、本物さながらのおままごとができるわけです。

タブレットやスマホのなかで完結せず、そこから抜け出してリアルの世界と融合を始めています。こんな表現は、紙の絵本では考えられません。

子ども自身が簡単に作れるのも、デジタルの強み。デジタルえほんアワードも、第1回こそ有名なプロ作家の作品が多かったのですが、早くも第2回には中学生が受賞しています。誰でも作り手になれるのが、デジタルえほんのすごさなのです（その後も子どもの応募作が増え続けたので、第5回からはキッズ賞を設けました）。

こうした分野は、マンガやアニメなどビジュアル表現に強い日本にアドバンテージがあります。そこで、世界にも目を向けようと、2013年から「国際デジタルえほんフェア」を始めました。いまや世界40カ国から数百もの作品が集まる場に成長しましたが、デジタルは簡単に国境を超えられることを実感しています。

雲龍図を福笑いにしてしまった

私たち自身もデジタルえほんを制作していますが、単に作品を作るだけでなく、そこにさまざまなメッセージを込めています。

例えば「My雲龍図」。ボストン美術館が所蔵する、曾我蕭白《しょうはく》の最高傑作「雲龍図」のスマホ用アプリです。

雲龍図は5年にわたって修復作業をおこなっていましたが、2012年、東京国立博物館で初公開されました。このときアプリ化したのです。スマホだと拡大もできるし、好きな構図で切り取れる。壁紙にすることもできます。

さらに「オリジナル雲龍図をつくる」モードにすると、龍の目やまゆ、牙などを、角度を変えて配置できます。そう、美術品を福笑いにしてしまった。

アートをもっと身近な存在に変えたかったのです。アイデアを出したときは猛反対されましたが、結果的には大好評で、全国の巡回先でも販売してくれました。

欧米のミュージアムは教育普及の役割を求められており、そのための予算もたくさんつきます。学校単位で模写しにくるなんて当たり前。マティスの絵の前に座り込んで切り絵を作っている子どもを見て、「こんな贅沢があるのか！」と驚きました。

メディアラボに遊学していたとき、世界中のチルドレンズ・ミュージアムを見て回りました。驚いたのは、子どもたちが色鮮やかな展示によじ登ったり、館内をかけ回ったりしていたこと。日本でミュージアムというと「会話もできない堅苦しい場所」のイメージがありましたから、ギャップがあまりに大きかった。

手で触り、五感をフル活用して全身で感じる。引っ張ったり叩いたりしても、誰にも怒られません。もの作りのワークショップも頻繁におこなわれています。そこはまさに21世紀型スキルを身につける場所だったのです。ジョン・マエダ教授がＳＴＥＭ教育につけ足したＡとは、これだったのかと思いました。

誰にも遠慮することなく、五感フル活動で遊んでいいのが、海外のチルドレンズ・ミュージアム
©Photo courtesy of Children's Creativity Museum

日本にもチルドレンズ・ミュージアムが欲しい。施設を作ることは無理でも、似たような活動をやる「場」なら、作れるんじゃないか？　そう考えたことが、ＣＡＮＶＡＳ立ち上げの動機でもあるのです。学校の外に創造的な活動の場を用意したかった。

日本のミュージアムは教育普及のための予算が少ないので、まったく同じことを求めるのは酷でしょう。でも、もう少し、アートと子どもの距離を縮められないか。図工の時間に美術品を加工することがあってもいいはずです。

ミュージアムはもっと生涯学習の場として機能すべきなのです。そういうメッセージを伝えるために、デジタルの力を借りて美術品をミュージアムの外へ連れ出した。それがMy雲龍図の狙いだったわけです。

面白い学習ツールは親子の会話を増やす

さて、こうしたデジタルえほんには、家庭での学習に使えるものがたくさんあります。小中学生はもちろん、乳幼児が楽しみながら学べるものもある。

内閣府の2017年の調査によると、6歳児の70%がスマホやタブレットなどインターネットにつながる何らかの機器をもっており、そのうち74%は一人で機器を操作できると答えています。

2020年の別の調査では、インターネットを利用している子どもは、3歳で50・2%、

5歳で68・９％、７歳児で79・９％。３歳児ですら半分が利用する時代になったのです。だとすれば、スマホやタブレットを学習ツールとして使わない手はありません。もちろん「スマホに丸投げ」ではなく、ときには親も一緒になって楽しむ。面白いコンテンツであれば、親子の会話も自然と増えていきます。

私の子どもが教えてもいないのに、ひとりで文字や足し算を覚えてしまった話はしました。デジタルえほんにはエンターテインメント性があるため、本人はゲームで遊んでいるつもりでも、いつの間にか知識が増えたりするのです。まさに遊びと学びを両立させる存在といえるでしょう。

そこで、デジタルえほんアワード受賞作のなかから、学習系のものをいくつか紹介しておきましょう。

前章で「基礎知識を身につけるのに、従来の詰め込み方式のほうが効率よく学べるんだったら反対しないが、基礎知識ですら、いまは楽しく、遊んでいるうちに学べる教材がたくさんある」と書いた理由を実感していただけると思います。

遊びながら学べる「地図エイリアン」や「国語海賊」

私の子どもがとにかく夢中になったのは、「地図エイリアン〜都道府県を記憶せよ〜」。リズムに乗せて画面をタップするだけで、都道府県の名前や場所、特徴を教えてくれる作品。小学校に入る前には、たいていの都道府県が言えるようになりました。

私はべつに、特別な幼児教育をやろうと目論んだわけではありません。アプリのたくさん入ったタブレットを放っておいたら、子どもが勝手にそれで遊んで、結果的に自分ひとりでいろんなことを覚えてしまっただけです。

このアプリを作っているファンタムスティックは、さまざまな学習アプリを開発していて、2〜6歳の幼児向けも多い。「国語海賊」シリーズでひらがなや漢字を覚え、「算数忍者」シリーズで九九や足し算を覚え……と、遊びながら学べます。

日本のあんふぁにが作った「SUM！　数字のダンス」も面白い作品です。足すと10になる数字をくっつけていくパズルゲームですが、踊る数字が可愛い。

英単語を覚えたいなら、アメリカの「Ｌｅｘｉ'ｓ　Ｗｏｒｌｄ」。ｎｉｇｈｔとタイプす

「算数忍者」では、遊びながら九九や足し算、割り算を学ぶことができる

ると画面が暗くなったり、ｐｉｇとタイプするとブタが現れたり。美しい作りになっていて、飽きません。

音楽なら、フィンランドの「ＢＡＮＤＩＭＡＬ」。アニマルのバンドだから、このネーミングになりました。クラゲ、コブラ、パンダ、クジラ……。いろんな動物が奏でる楽器の演奏パターンを作ってあげると、彼らがセッションをくり広げます。

アイルランドの「Ｈｕｎｇｒｙ　Ｃａｔｅｒｐｉｌｌａｒ　Ｐｌａｙ　Ｓｃｈｏｏｌ」は、『はらぺこあおむし』で有名な絵本作家エリック・カールの作品。子どもが大好きなキャラクターで遊ぶうち、算数や読み書きができるようになります。

これらはいずれも、「遊びながら学ぶ」を実現している作品です。

外遊びに使えるＡＩ図鑑

ちょっと毛色の変わったものもご紹介しておきましょう。外遊びのときに使えるデジタルえほんも少なくないのです。

例えば、日本のＬｉｎｎｅ株式会社が作った「ＬＩＮＮÉ　ＬＥＮＳ」。水族館や動物園でスマホをかざすと、すぐ名前を教えてくれます。高速で動く生きものを複数、同時に識別できるという、世界初の「かざすＡＩ図鑑」です。

日本のスタジオビートトニクスが作った「コラージュペイント」も楽しい。カメラで撮影した風景を切り抜いて、簡単にコラージュ作品が作れます。

イギリスの「Ｔｈｅ　Ｇｒｕｆｆａｌｏ　Ｓｐｏｔｔｅｒ」も野外で活躍するアプリ。ＡＲ技術を活用することで、イギリスのハイキングコースに隠されたヒントをたどっていくうち、人気絵本「Ｔｈｅ　Ｇｒｕｆｆａｌｏ」の３Ｄキャラクターに出会えるというユニークな作品です。野外でしか使えないので、誰しもハイキングに出かけたくなると思います。

これまでは「外遊びか、スマホか」という二項対立でばかり語られてきました。でも、それは両立するのです。むしろデジタルの存在が、外遊びの価値をこれまで以上に高めてくれる。そのことを実感してください。

6歳児がロボットをプログラミング

デジタルえほんアワードでは、工作系の受賞作も増えてきています。私たちは紙の絵本の延長線上にない作品を求めているので、大歓迎です。

例えばソニー・インタラクティブエンタテインメントの「工作生物　ゲズンロイド」。紙で作った未知の生物を、プログラミングで動かすおもちゃ。ここまできたら、もうプログラミング教育です。遊びながらプログラミングが学べる。

デジタルえほんアワードとは離れますが、こうしたプログラミングで動かすおもちゃは増えてきています。なかでもソニーの「ＫＯＯＶ」はおすすめ。カラフルなブロックを組み立てて、プログラミングで動かすもの。ブロックを組み立てた立体物はまるでオブジェのよう

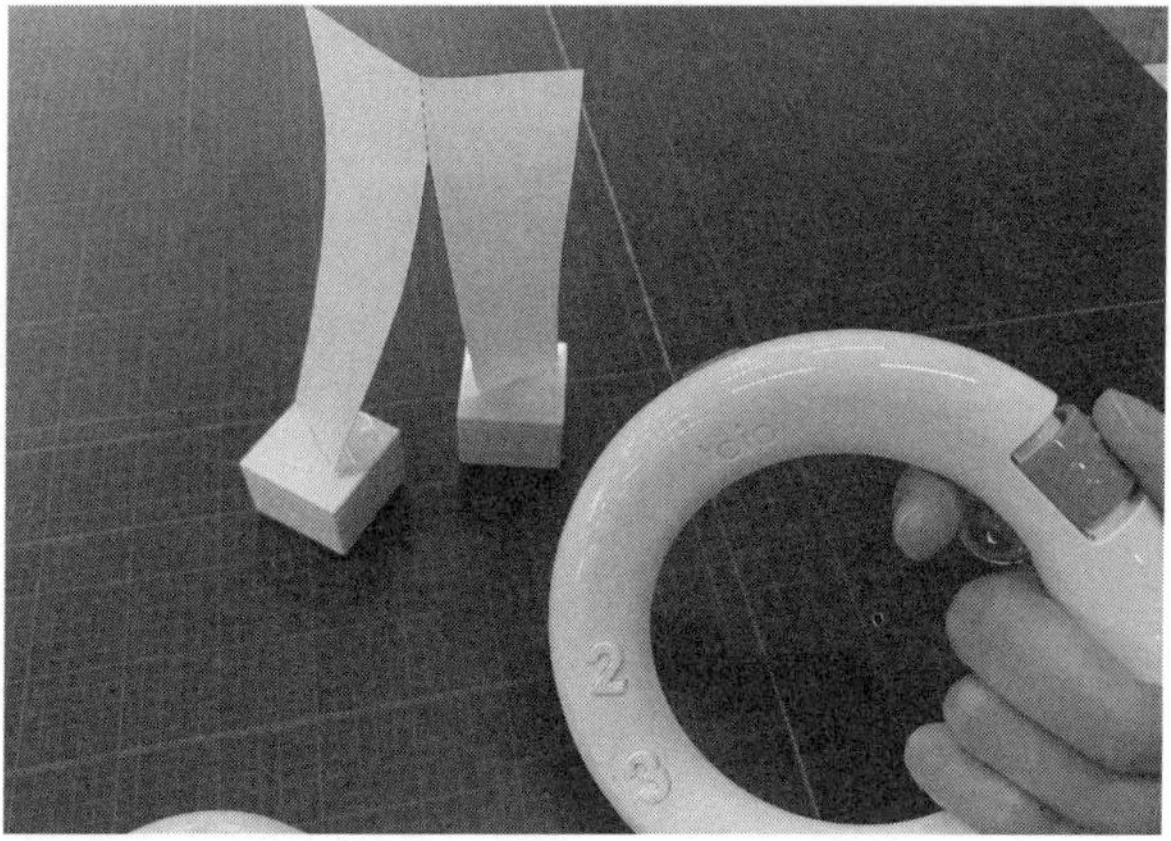
紙で作った未知の生物をプログラミングで動かす「ゲズンロイド」

に美しいので、私も気に入っています。

ほかにもタカラトミーの「ｅｍｂｏｔ」は、段ボールでロボットを作って、プログラミングで動かすもの。

ＫＯＯＶの対象年齢は8歳以上ですが、ゲズンロイドとｅｍｂｏｔは6歳以上なので、小学校に入る前のお子さんがプログラミングを体験するツールとしてもアリだと思います。

いずれも用意されたものを受け身で楽しむのではなく、子どもが表現する余地の残っている作品です。プラモデルだと与えられた世界観を再現するものですが、これらの玩具は自分らしい使い方ができたり、新しいものが生み出せたりできます。

プログラミングは何歳から学ぶのがいいか

さて、ゲズンロイド、ＫＯＯＶ、ｅｍｂｏｔが出たので、ここでもう一度、プログラミングの話題に戻りましょう。

小学校での必修化が決まり、街では子ども向けプログラミング教室を見かけるようになりました。焦りがあるのでしょう。親御さんから、よくこんな質問を受けます。

「プログラミングは何歳から習わせるべきですか？」

そこに答えはありません。そういう質問をすること自体、昭和の教育の名残なのです。つねに答えが存在し、誰かがそれを知っていることを前提にしている。

先が見えない時代に突入しています。答えは誰にもわからない。専門家にもわかりません。自分で考えるしかないのです。親もまずは答えがない事実をしっかり受け止め、それを楽しむぐらいの精神的余裕をもってほしいと思います。

乳幼児にもプログラミングをさせたほうがいいのか？　私の答えはイエスであり、ノーでもあります。やってもいいし、やらなくてもいい。

ただ、ひとつだけ確実に言えるのは、あまり気負う必要はないということ。幼稚園ぐらいまでは、「へぇー。面白い！」と興味をもってくれれば、それで十分でしょう。「なぜ？」と考え始める、きっかけになればいい。

お兄ちゃんお姉ちゃんがゲズンロイド、ＫＯＯＶ、ｅｍｂｏｔなどで遊ぶ姿を横で見ているだけでも、十分、刺激になると思います。

デジタル先進国イギリスでは、まず「サンドイッチ」から学ぶ

この問題について、デジタル教育先進国はどう考えているのでしょうか？

イギリスがいち早くプログラミング教育に取り組んできたことは、ご紹介しました。そもそも１９９５年には小中学校の必修教科にＩＴが導入されていました。それでも足りないと、２０１４年からはコンピューティングの授業を義務教育で必修化した。

コンピューティングというのは、日本でいうプログラミング教育ですが、イギリスの義務教育は５歳から始まるのです。まだ５歳の子に、いったい何を教えるというのだろう？　私もすごく興味をもちました。

たまたま必修化に取り組んだイギリスの方と会う機会があったので、質問してみました。するると、返ってきた答えは……。

「まずは机の上に、パンとハムとチーズをたくさん並べます」

サンドイッチの作り方のなかに、プログラミングの発想があるというのです。素材をいろいろ机に並べ、児童が先生に指示を出しながら、サンドイッチを完成させていく。

例えば「まずパンを置いて」と子どもが指示しても、パンは何種類もあります。先生はどれを置いていいのかわかりません。「スライスした、白くて四角いパンを置いて」と言わないと、ゴールに近づけない。

ハムだってチーズだって何種類もありますし、具材をはさんだあとも、最後にカットしないと、食べやすいサイズにはならない。素材を選んだうえで、いろんな手順を踏まないかぎりサンドイッチは完成しないのです。

指示の順番だって大切です。最初に「パンをカットして」と指示を出してしまうと、そのあと具材をはさむのにものすごく苦労する事態になる。

要は、いかようにも解釈できる言葉では、機械は動かないよ、と教えるわけです。誤解しようのない言葉で、順序だてて指示をする。べつにパソコンに触らなくてもプログラミングを教えることはできる。「なるほど、そういうことか！」と膝を打ちました。

もちろん、イギリスでは子どもたちに100万台のマイクロビットを無償配布したように、もう少し年齢が上がればパソコンを使ったプログラミングに入るのですが、5歳児の入り口としてはこれで十分だと考えているということかもしれません。

「プログラマーのように考える」ということ

こういう考え方は、「コンピューティショナル・シンキング」と呼ばれます。第2章で見たように、STEM教育、21世紀型スキル、プログラミング教育と同時期に世界的流行語になった言葉です。

ありとあらゆる細かいことまで指示しないと、コンピュータは思い通りに動きません。だから、もしコンピュータプログラマーのように考えられたら、仕事や日々の生活にも役立つのではないか、という考え方です。

家を掃除するときを思い浮かべてください。大人は無意識のうちに、どういう順番で掃除機をかけていけば、もっとも短い時間で終わるかな、と考えていると思います。最短ルートを探しながら掃除をしている。実はこれ、コンピュータのアルゴリズムとまったく同じことをやっているのです。

料理をするのだって、同じです。ポテトサラダを作るとして、いちばん時間がかかるのはジャガイモを茹でることだから、それからスタートする。キュウリやハムを切るのは、茹でているあいだにいくらでもできます。こういう感覚を身につけることが、コンピューティショナル・シンキングだといえます。

パソコンをいっさい使わず、プログラミング的な発想法だけを学ぶので、「アンプラグド・コンピューティング」ともいいます。アンプラグドなら、小学校に入る前の小さな子どもでも学ぶことは可能でしょう。

イギリスの授業でやっているサンドイッチ作りは、まさにプログラミングの考え方だけを最初に教えているわけです。

幼稚園からプログラミング思考を身につけるには

こういうプログラミング教育なら、パソコンが苦手なお母さん、お父さんでもできるでしょう。幼児でも比較的、理解しやすい。

例えば、朝起きてから、幼稚園に出かけるまでの手順を考えてみる。家を出る前に「洋服に着替える」という工程が抜けてしまうと、子どもはパジャマのまま外出することになってしまいます。靴の上から靴下をはいて学校に行く事態になるかもしれない。子どもたちは失敗を笑いながら、指示の順番の大切さを学ぶのです。

いろんなテーマで考えることができると思います。炊飯器でご飯を炊くって、どういう指示を、どういう順番で出しているんだろう？　それを一緒に考えるだけで、ブラックボックスの中身が想像できるようになる。子どもはワクワクしながら、いまの世の中の仕組みを理解していくわけです。

冷蔵庫でも、お風呂でも、冷暖房でも、家のなかのほとんどのものは、コンピュータで動いている。そのことを学びつつ、プログラミングの考え方を身につける。だから、「幼稚園

幼稚園ぐらいまでは「へえー。面白い」と感じるだけで十分

児のためのプログラミング教育を監修して」と頼まれたときは、だいたいアンプラグドの教え方のものが多いです。

ただ、コンピュータは触ってはじめて理解できるものなので、アンプラグドだけで完結するとは思っていません。一人1台環境が実現する以前、先生がパソコンを使う負担を減らせるという意味もあり、学校ではアンプラグドでプログラミング教育をやろうという動きがあったのですが、私は反対していました。

アンプラグド・プログラミングとは、スクラッチでいうなら、ブロックの積み上げだけをやっているようなもので、ネコが動き出したときの「あっ!」という感動がない。子どもにとっては、ちょっとお勉強感が出てしまうと思います。楽しく学ぶという意味では、やっぱりコンピュータを使うほうがいいのです。

スマホは何歳から、何時間使わせる?

いまの小中学生の親は、中高生のときからケータイを使っている世代が多い。子どもの写真をスマホでバシバシ撮ってSNSにアップしたり、子育てに悩んだらネットで調べたりしてきた。デジタル機器の利便性を十二分に享受してきたぶん、子育てへの活用についても、上の世代よりはるかに理解があります。

それでも、スマホやタブレットと子どもの関係については悩んでいるようで、こんな質問をしょっちゅう受けます。

「何歳からもたせていいんですか?」
「どのぐらいの時間、使わせていいのですか?」
「子どもに使わせるのは危険じゃないですか?」

ケータイ時代から何度も何度もされてきた質問ですが、もうおわかりの通り、そこに答えはありません。

子どもの成熟具合もバラバラだし、家庭によって教育方針も違います。一概に「こうだ」と答えを出すことはできない。それぞれの家庭で相談して、それぞれに納得のいく答えを見つけていくしかありません。

ちなみに、うちは０歳のときからタブレットを使っていますが、いっさい時間制限をしたことがありません。そういう選択肢だってあるのです。

以前、お母さんがたと情報交換したことがあるのですが、時間制限をしない家庭の子のほうがスマホにしがみつくことが少ない印象で、「厳しく時間制限されるほうが、スマホに固執するみたいねえ」なんて声が上がりました。

うちの子も、たとえタブレットに夢中になっていても、「公園行こう！」と声をかけられたら、すかさずタブレットを手放しました。公園のほうが楽しいからです。要は、いろんな体験をさせていれば、スマホは遊びのワン・ノブ・ゼムになる。中毒性が高いからといって、必ずしもスマホ依存になるわけではないのです。

この問題が難しいのは、スマホ依存が、スマホそのものの危険性によるのかどうか、見極めが難しいことです。育児放棄された子どもには、スマホしか楽しみがないのかもしれない。スマホ依存の原因は育児放棄にこそあるのに、それをスマホの問題として考えると、話がややこしくなってしまいます。

一緒に遊ぶ友だちもいれば、家族との会話もあり、旅行やスポーツなどいろんな体験もしている。そんな子にとって、楽しみはスマホだけではありません。スマホ依存を過度に恐れる必要はないと思います。

ネットで起きる問題は、リアルで起きる問題と同じ

勉強だけでもダメだし、運動ばっかりでもダメ。本ばっかり読んでいても、外遊びばっかりしていてもダメ。何事もバランスです。

そういう意味で、生活が乱れるほどスマホを使っているとしたら、明らかに問題があります。適度なバランスをたもつためには何が必要なのか？　親子のコミュニケーションしかない、と私は考えています。

まだガラケーの時代、こんなことがありました。グリーやミクシィ、フェイスブックとい

ったSNSが生まれたのは2004年。この当時から、SNSにハマる小学生はいて、その一人が小学4年生の女の子でした。

彼女はワークショップにきても、休み時間はケータイばっかり触っています。もう画面しか見ていない。「何しているの?」と聞くと、グリーでコミュニティを運営しているのだと言います。アニメ・キャラクターの画像を交換するコミュニティで、幼児から大人のおじさんまで、幅広い年齢層が参加しているのだと。

ただ、最近はモラルが低下して、悩んでいると言うのです。交換サイトだというのに、自分はいっさい画像を提供せず、もち去るだけの人が増えているのだとか。

そこで彼女は規約を作って、コミュニティの健全化をはかります。正直、驚きました、まだ小学校4年生の女の子が、ここまでのことをやり遂げたなんて。

でも、それと同時に心配にもなったのです。「こんなにハマっていて、大丈夫か?」と。そこでお母さんに聞いてみると、子どもが何をやっているか、すべて知っていた。「ああ、この子は大丈夫だな」と安心しました。

最大のポイントは、子どもが何かのトラブルに巻き込まれたとき、親がいち早く察知して介入できるかどうか。普段から親子のコミュニケーションがとれていれば、それが可能です。だから、安心したのです。

ネット上で起きる問題は決して特殊なものではなく、リアルな世界で起きている問題とさほど変わりがありません。大人の知見で解決できるものばかりです。

知らない人についていっちゃいけない。人のお金を勝手に使っちゃいけない。人の悪口を言っちゃいけない。人に嘘をついてはいけない……。そういうことを普段から教えてあるなら、あとはピンチのときに親が察知するだけ。だから、日常的なコミュニケーションが安全確保のカギとなるのです。

小さいうちは親子でデバイスを共用する

私の子どもは時間制限なしでタブレットを使っていましたが、制約がまったく何もなかったわけではありません。

デジタルえほんアワードを主催している関係上、私のタブレットには１００本を超えるアプリが入っていました。子どもの感覚としては、よりどりみどりだったと思います。制約がかかっているなんて、思いもしなかったでしょう。

でも、それらのアプリはすべて、私が「良質なコンテンツだな」と判断したものばかり。私の把握する範囲で遊んでいたのです。新しいアプリをダウンロードしたい場合は、私に相談するのが決まりでした。

仕組みとして制約をかけていた部分もあります。例えば、勝手に課金サービスを利用されると困るので、そこはフィルタリングをかけていました。

子どもの自主性にまかせるにしても、何がしかのフィルタリングは必要だと思います。ＮＴＴドコモ、ソフトバンク、ａｕなど、携帯キャリアによって細かい違いはあるものの、どこもフィルタリングサービスを用意しています。

使用時間を制限するのか、課金を制限するのか、ＳＮＳなど一部のサービスを使えないようにするのか、暴力やエロのコンテンツだけ排除するのか。そこらへんは各家庭で相談しながら決めてください。

まあ、技術はどんどん乗り越えられるものなので、現時点でフィルタリングが安全とはいっても、１００％の安全を保証するものではありません。最終的にトラブルを予防するのは、リテラシーしかない。そして、親子の会話も大事なのです。

なお、うちでは小学校に入ってからはスマホをもたせていますが、「ママも見るよ」と話していいます。「自分専用のものをもたせるのは、もう少し大きくなってからだよ」と。小さいうちは親子で共用すればいい。子どもが一人でハマるものではなく、一緒に楽しむものだと考えれば、それは親子のコミュニケーション・ツールになりうるのです。

「ゲーム依存」をどう考えればいいか

最後に、ゲームの問題を考えておきましょう。

子どもが夢中になりやすいので、生活リズムを崩すほどの利用は論外です。時間を制限するとか、暴力的なコンテンツを排除するとか、やはり何がしかの制約をつけるしかない、と思います。

ただ、ゲーム依存・ゲーム中毒というのは、スマホ依存と同じく、その背景を見ないといけない。ゲームが問題なのではなく、背景にある育児放棄が原因のケースもあるので、そこは慎重に考えたいところです。

最近の私は、ゲームのネガティブな側面ばかりでなく、ポジティブな側面にも目を向けています。いわゆる「eスポーツ」に注目している。

チームを組んで競い合うタイプのゲームには、一般的なクラブ活動と同じく、協調性やコミュニケーション力を育てたり、戦略を考える過程で論理性を磨いたりする教育効果があるのではないか？　世界的に、そんな見方が生まれています。

アメリカの「北米教育eスポーツ連盟」はさまざまな研究機関や学校と連携して調査・研究をおこなっている機関です。彼らによると、教育効果はあるようです。

刻々と変化する状況をリアルタイムに認識し、周囲とどういうコミュニケーションをとるべきかと考える能力。チームのなかで自分はどういう役割を果たすべきなのかと考える能力。これらの能力に関して向上が見られるのだとか。

実際、アメリカでは高校の教科科目のなかにeスポーツを取り入れる学校が増えています。中国や韓国でも、大学にeスポーツの学科が生まれています。

2024年のパリ・オリンピックでは種目として採用される可能性が噂されていますが、日本でも市場規模は3000億円になると試算されている。

産業として期待される一方、人材育成面でも使えるのではないか、という考え方が世界的に広がりを見せているわけです。

私たちも2020年に「超eスポーツ学校」を立ち上げました。ゲームを教育ツールとして生かすための環境を整備したり、カリキュラムを作ったりするためです。

日本全国の学校に呼びかけたところ、部活を作りたい高校、学科を作りたい大学など、数十校から連絡があり、関心の高まりを実感しています。

eスポーツになぜ注目するか

私がeスポーツに注目する理由は、それが子どもたちの選択肢を増やすと考えるからです。学び方は、ゴールも方法論も多様であっていい。多様な学び方を増やせるのであれば、ネガティブに見られがちなゲームでも積極的に取り入れたい。

「協調性を育てたいなら、べつにゲームでなくていいじゃん。これまでみたいなスポーツの部活じゃダメなの？」

そう思われた読者も多いと思います。でも、スポーツが苦手な子もいれば、障害を抱えた子もいます。その子たちにも部活を経験させてあげたいのです。

スポーツが得意な子は、従来の部活をやればいい。それを否定しません。でも、それ以外の選択肢を用意しておけば、床は低くなって、これまであきらめていた子も参入できるようになる。

ユーチューバーと同じく、ｅスポーツの選手のなかには、会社員には考えられないほどの賞金を稼いでいるスター選手がいます。もちろん、全体から見れば、ごくごく一部でしょう。でも、これまでだったら趣味で終わっていたものが、生活の手段になりつつある。

生きる選択肢が広がったという意味で、この変化は好意的にとらえるといいと思うのです。子どもたちの夢が、またひとつ増えた。選択肢がたくさんあるほど、彼らの生きづらさを減らすことができます。

ｅスポーツの研究は始まったばかりで、どれだけの教育効果があるかという科学的エビデンスが出てくるのはこれからですが、現時点で頭ごなしに否定することがあってはならないと考えています。

ちなみに、私は「超人スポーツ協会」の活動にも関わっています。こちらは実際に体を動かすほうのスポーツ。

パラリンピック選手が走り幅跳びで、オリンピックの世界記録を上回る数字を出したことは、大きな話題を呼びました。スポーツ義足が進化すれば、むしろ障害者のほうがすごい記録を出せたりする。新しいテクノロジーを使うと「超人」を生み出せるということです。いずれ小学生がオリンピック選手に勝てる日もやってくる。

世の中には運動が苦手だったり、障害があったりする人がたくさんいます。それなのに、体育の授業では、全員に逆上がりとか、跳び箱とかを強要している。楽しくないし、大人になってから「あの経験が役立った」という人は少ないかもしれません。そこで、誰もが楽しめる新しいスポーツを創り出そうとしているのです。

みんながみんな同じ方向を向いて進む時代は終わりました。いろんな選択肢を用意できれば、学び方は多様になる。ずっと一律でやってきた教育の分野に多様性をもたらしたい——。それが私の思いなのです。

第5章

「学校」はこのままではいられない

未来の教育はどう変わるか

休校で混乱した日本の教育現場

最後の章では、未来の学校や学びのあり方はどう変わっていくのか、を考えてみたいと思います。

今回の学校のデジタル化は、いよいよこれからというタイミングでコロナがきました。一人1台と高速大容量ネットワークが学校に整備されたあとなら、まだ良かったのですが、それを目前にしたところで遠隔授業の必要性が出てきてしまった。

このことが、さまざまな混乱を生みました。学校は休校になり、先生たちは毎日、各家庭へプリントを配布するのにてんやわんやになった。双方向のオンライン授業なんて、夢のまた夢という感じでした。

じゃあ、海外の学校はどうなっているのか？　海外赴任中の友人たちに聞いてみると、スムーズにオンラインへ移行している国も少なくなかった。先進国はもちろん、中国をはじめとするアジアの国々も同様です。そこで、海外事情をヒアリングして、毎週1回、オンラインでシンポジウムを開き、良い事例を発信することにしました。

双方向、宿題だけデジタル……世界のオンライン教育事情

本当にいろんなバリエーションがありました。マレーシアのインターナショナルスクールでは、完全に双方向のリアルタイム授業で、普段通りの時間割を維持していました。

中国はテレビを使って、授業を一方通行に流す方式。でも、宿題は学校からデジタルで送られてきます。たいていの家庭はそれを家庭でプリントして、子どもが書き込んだものを写真に撮り、スマホで返信していたようです。

アメリカは普段からすべての学校情報がデジタルで見られるようになっています。コロナ禍への対応は、先生の録画した動画をネットで好きな時間に見る形式。生徒は自分で時間を決めて学べばいい。

オランダになると、さらに自由度が増します。普段から一斉授業が存在しないので、各自がプロジェクト型学習や、課題に取り組む。Ｚｏｏｍを使ったクラスルームが週3回、30分間ほどおこなわれますが、これはあくまで先生とコミュニケーションをとる場。オンラインを使って教育しているというよりは、自学自習をうながしている様子です。

要は、一言にオンライン授業といっても、国や地域、学校によってさまざま。どれが正解でも不正解でもありません。国や地域が教育方針にのっとって、それぞれ最適なやり方を考えるしかないのです。

海外事例の紹介をするうち、日本にも先進的な取り組みがあることがわかってきたので、今度はそれをオンラインシンポで紹介することにしました。

こうした学校や自治体は、コロナ禍への対応のみを考えてオンライン授業を導入したわけではありません。もっと先をみすえて導入していた。未来の教育のあり方を考えたとき、オンライン授業は不可欠だと判断していたのです。

そこで私たちも、近未来の教育はどうなっていくかを、深掘りしていくことになりました。オンラインシンポはいまも続いていますが、ＡＩやブロックチェーン、ＶＲやＡＲといった技術が教育に導入されたとき、どんな世界が訪れるか、専門家を交えて議論しています（公開シンポジウムなので、どなたでもネットでご覧になれます）。

オンラインのほうが「探求」に向いている

実はオンライン授業に関しては、私たちにも大きな気づきがありました。コロナ禍でCANVASのワークショップもオンライン化したのですが、多くのスタッフから、こういう声が上がったのです。

「オンラインのほうが探求には向いているんじゃないの？」

それまでのワークショップは、主に全国各地の大学キャンパスを借りて開催してきました。記念すべき第1回ワークショップの会場は、東京大学でした。ワークショップコレクションだって、第4回以降はずっと慶應義塾大学や青山学院大学などのキャンパスを会場としてお借りしてきました。

実はここにもメッセージを込めています。アメリカには1万を超えるサマーキャンプがあります。夏休みになると大学はキャンパスを開放するので、1000万人以上の小中高生が世界中から集まってくる。夏のあいだだけ子どもの学びの場と化すわけですが、市場規模にして110億ドル（約1・2兆円）に達するといわれます。

大学は都市の一等地に広大な土地を占有し、公共性の大きな存在です。アメリカでは、社会に貢献すべくキャンパスを開放しますが、とてもすばらしい考え方だと思います。

ところが、当時の日本の大学では、ほとんどサマーキャンプがおこなわれていませんでした。そこで「もっと地域に貢献してもいいんじゃない？」というメッセージを込めて、会場を大学に選んだわけです。

ただ、いまから考えると、普段は絶対に足を踏み入れない場所を会場にすると、子どもたちにとっては「ハレの日」感があったようなのです。その場はおおいに盛り上がっても、家に帰ると、元の生活に戻ってしまう。祭りのあと状態になる。

ワークショップが終わったあとも、いかに探求を続けてもらうか――。私たちにとっては、ずっと大きな課題でした。

ワークショップは「きっかけを提供する場」です。もし興味のもてるテーマが見つかったら、各々の方法でそれを深めるのがいいと考えてきました。

オンラインワークショップは、各家庭でやります。非日常の場に出かけるのでなく、逆に日常生活のなかへワークショップが入ってくるわけです。オンとオフの差が小さいので、ワークショップが終了したあとも探求を続ける子が続出しました。

オンラインワークショップのアイスブレイクで簡単に取り入れられるもののひとつに、「家のなかの丸いものを探そう」というワークがあります。よく見ると、キッチンにはフライパン、天井には電灯など、丸いものがたくさんあります。

いつもは当たり前だと見過ごしているけど、意識して見ると、いろんな形をしていることに気がつく。なかにはトイレットペーパーのように、横から見ると丸くても、正面から見ると四角いようなものもある。身の回りのものを見る目が変わってくるので、ワークショップ終了後も探し続けるのです。

お母さんやお父さんに声をかけ、家族総出で「三角形のもの」を探した子もいました。自宅でやったことが奏功し、生活を豊かにしたわけです。

これは予想もしない展開でした。「オンラインって、ワークショップの質を変えるんじゃないのか？」と考えるようになりました。

世の中では、対面授業が基本であって、オンライン授業はコロナ禍に対応するための一時的な代替手段とイメージされています。でも、ときに対面授業を上回るメリットがある。ですので、オンライン授業の継続も、もちろんアリです。

もちろん、すべての対面授業をオンライン授業に置き換えろと言うのではありません。メリット・デメリットをはかりにかけて、使い分ければいい。両方を取り入れたハイブリッド型を用意すればいいだけです。

日本全国の子が一緒に学べるというメリット

オンラインの最大のメリットは、距離を簡単に超えられることです。

東京でワークショップをやった場合、基本的には首都圏の子ばかり集まります。でも、オンラインなら、北海道の子と名古屋の子と沖縄の子が、なんの違和感もなく一緒に学ぶことができる。

例えば2020年の5月に実施した「野草さんぽ」のオンラインワークショップ。

身の回りのどんなところに野草が生きているかという動画を事前に用意しました。さらに「ざらざらの葉っぱを探してみよう」「ハート型の葉っぱを探してみよう」などと書かれたミ

オンラインワークショップは報告と作品発表の場に特化させた（野草さんぽ）

ッションシートも送った。動画を見た子どもたちはミッションシートを片手に、それぞれが近所で野草を探します。

近所での探索を終えた子どもたちがオンラインで集まるときは、見つけた野草について講師に質問をしたり、ほかの参加者と似たような野草を見つけていた場合は、どこか違うか写真を見ながら観察したりします。オンラインの場は、参加者同士の対話の時間になったわけです。

このときは東京だけでなく、神戸、仙台、岐阜からも集まりました。飛騨高山より参加した子が発見した野草が、なんと「ヒメフウロ」（関東では見ることができない植物。独特のにおいがする）という絶滅危惧種だったという驚きの展開もありました。

「自分の近所にだって、珍しい野草があるに違いない」

ワークショップ終了後、もう一度野草を探しに出かけたり、日頃から道を歩くときに野草を探すようになったという報告を何例も受けています。

これまではただの散歩にすぎなかったものが、アドベンチャーに一変した。だから、ワークショップが終わっても、子どもたちは探求を続けるのでしょう。道端の草を見る目が変わって、日々の生活が豊かになったわけです。

リアルのワークショップは2時間ぐらいですが、小さな子どもはパソコンの前になかなかじっとしていられないので、オンラインでは1時間ほどに短縮しました。しかし、オンラインワークショップではその前と後の時間も探求し続けることを考えると一概に体験の時間が短くなったといえるでしょうか？

子どもたちの探求は、オンラインワークショップの前にスタートし、ワークショップのあとも続いていくのです。

オンライン授業では質問が増える

私は慶應義塾大学で授業をやっていますので、そちらでの体験もあわせて、オンラインのメリットをもう少し考えましょう。

どの教授もおっしゃることですが、質問が増えた。手を挙げて質問するのはハードルが高いけれど、オンラインならコメント欄にガンガン書き込めます。これまでは疑問があっても挙手できなかった学生が、一斉に発言するようになったのです。

これは教授陣にとってもメリットがあります。対面でやると、学生から出てきたすべての質問に答えざるをえない。かなり時間をロスしてしまうときがあるのです。でも、オンラインでコメント一覧が見られるなら、「この質問はみんなで共有すべきだな」と思うものだけに答えることができる。

対面だと、学生はみんな教室のうしろのほうに座りたがります。でも、オンラインなら全員が最前列に座っているような臨場感がある。教授と一対一の関係が作れる。それでいて、対面のときほどは息苦しくないのです。

リアルな場所で人に会いたくない人にとっては朗報だと思います。実際、私たちもオンラインで、自閉症の子どもを教えたことがあります。「人に会わなくていい」ということ自体、新しい可能性を開くものなのです。

青森市の中学校ではコロナ禍でオンライン授業をやることになりました。このとき、不登校の生徒の74・6％もが参加したといいます。学校へ行きたくても行けない子にとって、オンライン参加は敷居が低いのです。

しかも、この中学校では、これらの生徒のうち92・5％が、対面授業の再開後、学校に顔を出しました（登校率は翌週には84・2％へ下がったものの、その後の減り方は大きくないそうです）。

ゲスト講師を呼びやすいというメリットもあります。遠方に住んでいる講師に交通費を支払い、1時間半の授業に付き合ってもらうのは、これまでハードルが高かった。移動時間も含めたら1日仕事になりますから。

でも、オンラインなら、「9時半から9時45分の15分間だけ、ログインしていただけませんか？」みたいにお願いできる。これなら、けっこう受けてくれるのです。VIP講師を呼びやすくなったのは、学生にとって大きなメリットでしょう。

ディスカッションをする授業だって、オンラインでやるなら、議論のなかで必要になった資料をボンボン、その場でアップできます。それが議論をさらに促進させる。非常に効率がいいのです。

だから、東京大学でVRを研究されている稲見昌彦教授も「うちの学生の7割は、このままオンライン授業を継続してほしいと言っているよ」とおっしゃっていました。CANVASにも、「コロナが落ち着いても、オンラインワークショップを続けてほしい」というリクエストが届いています。

こうしたオンライン授業の可能性については、実際にやってみるまで気づきませんでした。

東京に住んで、ロンドンの大学に通う選択肢も

では、その先に何が待っているのか？

オンラインシンポにもご登場いただきましたが、JTBはコロナ禍に対応するため、VRを使ったバーチャル修学旅行のサービスを開始したそうです。「夜の枕投げをなんとか再現

できないものか」と議論したといいますが、VRなら京都に行った直後に長崎に行くことができる。新しい修学旅行が生まれる可能性があります。

ＶＲ技術がさらに発展すれば、大学のオンライン授業も、いまのビデオ会議的な印象から、もう出席しているのと変わらない感覚になるはずです。

しかも、オンラインなら空間を飛び越えられる。東京に住んでいる学生が、福岡の大学の講義を聞くことができます。１日のうちに東京、仙台、名古屋、京都、広島、札幌……日本各地の大学に出席することすら可能です。

そうなると、もう日本にこだわっている意味もなくなってくる。東京に住みながら、ロンドンやボストンにある大学の講義を受けたっていい。自動翻訳技術が発達すれば、日本の大学に通っているのと、感覚的には変わりません。

もちろん、まったく違う文化圏に住んで刺激を受けるという意味で、留学の価値がなくなることはないと思います。でも、こと授業を受ける点に関していえば、国境の意味がなくなってしまうのです。

学部の壁だって、壊れていくはずです。経済学部を出てビジネスマンを目指す学生が、薬学やコンピュータサイエンスやロボット工学や分子生物学を学んで悪いはずがありません。就職先によっては、仕事にずいぶん役立つでしょう。

でも、これまではそれができなかった。学部ごとのカリキュラムに縛られ、キャンパス間の移動に時間がかかり、学部や学科を超えてとりたい講義がとれなかったのです。オンライン授業の動画を見るだけなら、同じ日の同じ時間帯におこなわれている授業を複数受けることができますし、移動しなくてよければ選択の可能性も広がります。

大学においても、それぞれの学生に合わせた「主体的な学び」の環境ができていくわけです。場合によっては複数の大学に所属し、興味のある授業だけ受けることもあるでしょう。一人ひとりのカリキュラムが違う時代に突入するのです。

「○○大学の××学部です」が通用しなくなる未来

これまでは就職活動で「○○大学の××学部です」と自己紹介すれば、面接官もなんとなくイメージが湧きました。でも、一人ひとりカリキュラムが違う時代になれば、そういう言い方は通用しなくなる。

これからは、その人が学んだ内容で自己紹介するしかありません。例えば「ＭＩＴでコンピュータサイエンスの講座をとり、スタンフォードでデータサイエンスの講座をとり、東大で人工知能の講座をとり……」といった具合です。学んだことのポートフォリオを見せて、どんな能力があるのか判断してもらう。

いまの大学は、学部ごとにカリキュラムを組んで、ワンセットで年間授業料を受け取っています。でも、こういう学び方が一般的になると、授業ごとにバラ売りする形式になるのかもしれません。そうなった場合、もう「どこの大学に所属しているか」なんて感覚もなくなっていくでしょう。

さらに突き詰めて考えれば、大学という組織そのものの必要性が疑われるようになる。コンテンツさえ手に入れば、勉強はできるからです。すでにネット上には良質なコンテンツがあふれていますが、さらに蓄積していけば、それで十分になるかもしれない。

つまり、学び手が求めるスキルや知識と、良質なコンテンツ、あるいはそれを教えられる人間をマッチングする仕組みさえできれば、それで事足りるわけです（ＡＩはこういうマッチングが得意そうです）。

ここでいう「教えられる人間」というのは、従来の大学教授にかぎりません。民間企業の技術者かもしれないし、政府の役人かもしれないし、同年代の学生かもしれない。高等教育についても「学び合い」「教え合い」の時代に突入するのです。

つまり、いまの大学システムは解体されるのかもしれないと思います。こうした内容を日本私立大学連盟での講演で話しました。反論が出るかと身構えたのですが、一緒に登壇した学長のみなさんは「もう、そういう方向にいくしかないだろうねえ……」という反応でした。

ただ、大学が本当になくなるかというと、おそらくそうはならないでしょう。大学がもつコミュニティや場としての価値を上げ、新しい価値を創造し続けるなら、大学はとてもいい学びの場だと思います。

入試も不登校も就活もなくなる

自分は何をやりたいのか？　そこさえ明確なら、道は開けます。そのために必要な学習コンテンツや、それを教えてくれる人間とマッチングしてくれる仕組みは、いつか必ず登場してくるでしょう。

この波は当然、小中学校にもおよびます。学習指導要領や検定教科書というのは、同じ年齢の子に、一律に同じ内容を教えるという、近代教育を象徴する存在。AIが進化して超個別最適化が実現すれば、意味をなさなくなるかもしれません。

学ぶ目標というのは、本来、個々人が自分で設定すべきもの。国が一律に決めないといけないわけはないと思うのです。

15歳の子が、いまの大学レベルの内容を勉強して、何が悪いのでしょう？　10歳の子が、いまの小学1年生レベルの内容を勉強して、何が恥ずかしいのでしょう？　これまで10歳の子はすべて同じ内容を勉強すると決めていたから、さまざまな問題が起きました。落ちこぼれもあれば、吹きこぼれもあった。

これからはその子に合ったスピードで進めばいいのです。近代的な学校システムが登場するまでは、むしろそれが一般的な学び方でした。「この年齢の子はこの知識をもってなきゃいけない」なんて縛りには、なんの必然性もありません。

複数の学校で学んだっていいし、家でも図書館でも好きな場所で学べばいい。一斉授業が消えたら、当然、時間割もなくなる。不登校という概念はなくなり、入院中の子どもは病室

実演を食い入るように見つめる子どもたち。大切なのは「何に夢中になれるか」だ

で学べるようになる。

入試だってなくなるかもしれません。デジタル化で学習データがたまっていけば、その履歴で評価することができるからです。一発勝負の試験だと、たまたま体調の悪かった子は、それまでの努力がその時点では報われませんでした。普段の勉強で評価されるのなら、そっちのほうがよっぽど公平です。

学ぶ場所が学校だけではなくなると、学習データの管理が大変です。「本当にそれが信頼に足る履歴なのか？」という疑念も出てくるでしょうが、ブロックチェーンの技術を使えばクリアできます。仮想通貨にも使われている技術で、改竄《かいざん》できないのです。

さきほど就職試験の話をしました。あれだって、ブロックチェーンに裏付けられた学習履歴があれば、企業側は自社が求める能力をもった人材なのかかどうか、一発で見分けられる。面接の短い時間で学生の適性を見抜こうとするより、よっぽど効果的にマッチングできるのです。就活という言葉も消えていくかもしれません。

学校の「場としての機能」は残る

もちろん、ここで書いたのは、現時点での私の予測にすぎません。未来のことは誰にも見通せない。とはいえ、一人ひとりに個別最適化した学習が実現すれば、学びはこう変わっていくのがいいだろうと考えています。

これまでの学校システムは解体され、その延長線上にはない、まったく新しい学び方が生まれる。その教育のことを、私たちは「超教育」と名づけました。

では、学校は完全に消えるのかというと、そうは思いません。学びには仲間が必要だからです。助け合ったり、刺激を与え合ったりする学習コミュニティの価値はなくならない。「場としての機能」は残るということです。

コロナによる休校で、「学校って大切だったんだな」と痛感した親は多かったはず。親が見ていないところでも安心・安全な居場所を提供してくれ、給食も出してくれる。運動会や学芸会のような勉強以外のイベントは、友だちとともに頑張り、成長する機会です。私も、学校が果たしてきた役割の大きさにあらためて感謝の念を抱きました。

とはいえ、場としてのあり方は、これまでとだいぶ変わるかもしれません。

これまでは、たまたま同じ年に生まれ、たまたま同じ地域に住んでいた人間だけがクラスメートになりました。みんな、それが当たり前だと思い込んできた。でも、オンライン化が進むと、そこだけに仲間を限定する必然性はなくなる。

世界中のオンライン授業に参加すれば、いまよりもっと知的関心が近い仲間、いまよりもっと趣味や価値観の合う仲間、いまよりもっと学習進度が近い仲間を見つけられます。年齢も、住んでいる場所も、国籍すらバラバラかもしれないけれど、いまよりもっと親しくなれる仲間たちです。

こうなると、いじめや不登校といった問題も、かなり解決していくだろうと思うのです。どうしてもいまの場所にとどまらなければいけないという縛りが、さまざまな問題を生み出している面も大きいのですから。子どもが好きな場所に移動できるようになれば、こうした問題も解消されていくはずです。

子どもを評価するときの基準も変わる?

自動翻訳技術の進歩が拍車をかける形で、グローバル化はさらに進むでしょう。子どものうちから文化や習慣の違う子たちと、日常的に接することになる。以心伝心がまったく通じない世界になる。

そのうえ、これから噴出してくる問題は、人類が初めて直面するものも多く、誰も答えを知りません。みんなで知恵を出し合わないと対応できないのです。だからこそ「さまざまな背景をもった人々とコミュニケーションをとりながら協働する力」が重要になる。

プロジェクト型学習が重要なのも、それが理由です。その都度、チームを組んで、知り合ったばかりの人たちと結果を出していく。

これまでだって、一歩、社会に出れば、協働が求められました。個人プレーよりも、チームでやることが評価されてきた。それぞれに得意分野や専門分野がある。お互い補完し合い、役割分担しながら成果を出す能力が求められるのは当然だといえます。

ところが、なぜか教育の分野では長いあいだ、一人の子どもができることだけで評価されてきたのです。一人では解決不可能な課題もチームなら解決できることは理解していたかもしれませんが、それを評価に結びつける発想がなかった。

これからは、その子自身ができなかったとしても、友だちをチームに引き入れて課題をクリアしたなら、「できた」と評価すべきでしょう。評価軸を変えないと、激動の時代を乗り切れません。

自分の居場所を見つけた瞬間

協働の場は、チームのなかで自分の役割を見つける能力も磨きます。以前、ワークショップでこんなことがありました。

ミニ映画を作るワークショップで、女の子ばっかり5人のチームができました。みんなその場で初めて会った子ばかりなのですが、たまたまそのうち4人がイケイケで、小学生だというのに「恋ってさあ、愛に変わった瞬間につまんなくなるよね」なんて会話をしている。

ちょっとおマセな小学生ギャルたちです。

残りの一人は見た目も落ち着いていて、おとなしい女の子でした。文化的にも違う世界へ、たった一人で放り込まれた様子で、本人も緊張しており、居心地が悪そうでした。

ところが、この子はマンガが大好きで、絵を描くのがすごく上手だったため、絵コンテの担当になります。するとイケイケの子たちも絵のうまさに感心し、この子をリスペクトする言葉をたくさん発しました。

私はこのとき「人間の表情って、こんなに一瞬で変わるものなんだあ」と驚きました。とにかく自信に満ちあふれた、明るい表情になったのです。彼女は自分の居場所を見つける過程で、ものすごく自信をつけたはずです。

すべての子にはそれぞれに得意分野があり、それを組み合わせることで、プロジェクトが一気に前へ進むことがある。そのことを学んだだけでも、この5人にとって協働した意味はあったと思います。

前章でeスポーツの話をしましたが、「チームのなかで自分が果たすべき役割を見つける能力が向上する」と分析されていました。eスポーツが子どもたちに協働の場を提供するのなら、それだけでもやる意義はあるように思うのです。

「何ができるか」から発想しなくていい

私がここまで協働にこだわるのは、いまの子どもたちが感じている息苦しさを少しは減らせるのではないか、と期待するところが大きいからです。

学校では、その人ができることで評価されます。知らず知らずのうちに、その能力の範囲内で「何ができるのか？」と発想することを強いられている気がします。

例えば、理科の成績のすごく悪い子が、「大人になったら、宇宙ステーションを作る仕事をやる！」と宣言したとき、周囲はどんな反応をするでしょうか？　友だちや親が「そんな成績で、なれるわけがないでしょう！」と否定することもあるかもしれません。

運動の苦手な子が「プロスポーツの仕事がしたい」と言ったとき、算数の苦手な子が「コンピュータの仕事がしたい」と言ったときも、同様です。「夢ばっかり見てないで、成績を上げなさい」と笑われるかもしれません。

でも、必ずしも宇宙ステーションをその子が設計・建設しなくてもいいわけです。ビジョ

協働がもっと評価されれば、「自分ができること」の範囲は劇的に拡大するだろう

ンを作り、それを実現するために、その分野に強い技術者を集めることができれば、その子はチームリーダーになり、夢を実現できます。実際、世の中はそういう風に動いている。

自分にはできない。でも、できる人を連れてくればいいんだ――。

そう発想転換できたら、遠慮なく夢を語れると思うのです。誰かの助けを借りてできることも「できる」と認められるようになれば、夢を語る前に「こんなこと言って笑われないかな？」と心配するより、よっぽど生きやすい。

すでに「やりたいこと」がある人は、それを実現する方法として協働を考えてほしい。まだ「やりたいこと」がない人も、友だちと組んでいるうちに、できることが広がり、それが「やりたいこと」になるかもしれない。

学校で評価されない「残りの99」にスポットを当てる

私は最近、子どもたちの生きづらさ、息苦しさということをよく考えます。

お母さんがたと話していても、こんな言葉を聞きます。

「よく『これが普通』って言うじゃない？　そのときの、普通が指す範囲がどんどん狭まっている感じがするんだよね」

日本社会は同調圧力も強いし、インクルーシブという言葉が流行しているわりには、逆に多様性が減っている印象がある。

最近、「積極的不登校」なんて言葉が登場しましたが、じゃあ、積極的不登校を選んだとして、その代替物を親がどこまで提供できるかというと、心もとない。金銭や時間の問題もありますが、何より日本には選択肢がまだまだ少ないと感じます（もちろん、デジタル技術の進化により、選択肢が急に広がりつつありますが）。

私が特に気になるのは、「学ぶ」という言葉でイメージされる内容が、ものすごく限定されていること。学校や塾の勉強ばかりが評価される印象が強い。

子どもはどんな場所でも学んでいます。公園で遊んでいるときも、歌を歌っているときも、家族と会話しているときも、ゲームをしているときも、スポーツをしているときも、学んでいる。朝起きてから寝るまで、すべてが学びなのです。

子どもにとっての学びが100あるとしたら、学校で学ぶことは、そのなかの1かもしれません。にもかかわらず、その1が、まるで100であるかのように、みんなに意識されている気がするのです。99を無視したまま、1でその子が評価されてしまうことは変えたいと思っています。

私は学校を否定しているわけではないので、その1を評価することに反対ではありません。一所懸命に学校の勉強をやっている子は、その頑張りを評価されるのが当然です。でも、残りの99だって正当に評価してあげるべきだと思うのです。

音楽に秀でている子や、スポーツに秀でている子は、いまでも比較的、評価されやすいでしょう。でも、家事手伝いに秀でている子も、人を笑わせることに秀でている子も、秘密基地を作るのに秀でている子も、すべて評価してあげたい。

そこで私は「キッズ・ユニバーシティ」を作って、学校以外の場での学びをきちんと評価してあげられないか、と考えています。ミュージアムへ見学に行ったら何点、近所のおじさんと会話したら何点、ワークショップに参加したら何点、本を読んだら何点、ユーチューブで調べものをしたら何点……とポイントを付与することで、学びを可視化する。

全国の大学や研究所、ミュージアムや図書館、学童施設や児童館、企業や地域の人々との連携が不可欠でしょう。関わる大人がすべて教授になるようなコミュニティも作らないといけません。スポーツ選手にも画家にも、ダンサーにもお笑い芸人にも、大工さんにもパティシエにもぜひ教授として参加してほしい。

学びの場はリアル・バーチャルを問いません。超教育を具体的な形にする構想のひとつが、キッズ・ユニバーシティなのです。

これまで「何をやりたいか」の内容は、学校での評価に左右される部分が大きかったと思います。縛りがきついぶん、子どもは自由に発想できていなかった。そこを変えていきたい。どんな奇抜なアイデアであっても、「私はこれがやりたい！」という気持ちがリスペクトされる社会に変えていきたいのです。

子どもたちの「私はこれがやりたい！」のために、少しでもたくさんの選択肢を用意できればと考えています。

「これがやりたい」と「そのために何をすべきか」をつなぐ

NTTと吉本興業が組んで、2021年3月にサイトをオープンさせた「ラフ&ピースマザー」も、同じ発想のプロジェクトです（CANVASも協力しています）。超教育を具体的な形にしていく。

このプロジェクトには、官民ファンドのクールジャパン機構が100億円も投資してくれ、こちらはもう動き出しています。

読者のなかには「なぜ吉本が？」と思った方もおられるかもしれませんが、大崎洋会長は「吉本は教育の会社になる」と宣言されています。「次の100年に向けた第2の創業だ」と。彼らも教育の未来を真剣に憂えているのです。

子どもが「ユーチューバーになりたい」「お笑い芸人になりたい」「eスポーツの選手になりたい」と言い出したとき、「それなら〇〇へ行って、××を学ぶといいよ」なんて適切なアドバイスができる親は多くないと思います。

せっかく子どもが「私はこれがやりたい！」というものを見つけているのに、それを「じゃあ、こうするといいよ」につなげる回路が、現時点では少ない。だから、「何がやりたいか」と「そのために何をすべきか」をつなぐ回路が作りたいのです。

現時点の事業内容はふたつあって、ひとつはデジタルコンテンツのプラットフォーム。国語や算数、サイエンスといったものだけでなく、きれいになる方法とか、面白くなる方法とか、海外社会見学とか、さまざまな学びを提供していく。

内容が面白くなければ、子どもは退屈してしまいます。そこで、ＮＨＫの人気教育番組「チコちゃんに叱られる！」のプロデューサーである小松純也さんが動画制作の総監督をつとめています。すでに動画の本数は５００本を超えました。

もうひとつの事業は、ワークショップです。すでにオンライン教室という名のオンラインワークショップはスタートしています。

いろんな分野の動画を見たり、ワークショップに参加することで、子どもたちの選択肢を増やしたい。まずは「○○をやりたい！」を見つけてもらい、そのための方法をアドバイスすることで、実現に向けて一歩踏み出してもらいたいのです。

私がプロジェクト型で働いてきた理由

CANVASを始めた2002年、まだワークショップという言葉も一般的ではありませんでした。「何を売っている店ですか?」と聞かれたり、メディアの取材を受けても「勉強会」と書かれたりしました。そんなところからのスタートでした。

ワークショップコレクションの入場者が10万人を超えたのが2013年。しかし、あまりに人が多いと、参加者の満足度は下がってしまいます。そこで、来場者を増やす方針はこの年で見直し、国の政策を変えることで新しい学びを日本中に広げられないか、と奮闘することになったわけです。

時間はかかったものの、デジタル教科書も、一人1台も、プログラミング教育の必修化も実現しました。ずっと求め続けたものが現実になったことで、私たちが社会に果たすべき役割も次のフェーズに入った。

そこで2018年に「超教育協会」を立ち上げました。いまの関心は、未来の教育はどうあるべきかを考えることなのです。

ここまでお読みになった読者は、「何かあると協会や団体や会社を立ち上げる人だなあ」とお感じになったかもしれません。たしかにその通りで、私は仕事というものをプロジェクト型で考えているのだと思います。「やりたいことありき」で、それを実現するための方法や組織は、あとから用意してきた。

よく「いろいろな活動をされていますね」と言われるのですが、そんなことはありません。企業に入って部署の異動をくり返しているみなさんのほうが、はるかにいろんな活動をされている。

私がやってきたのは、ひとつのことだけです。子どもたちがクリエイティブになれる場を提供する――。「何をやりたいか」が、活動を始めた頃とまったく変わっていない。切り口によって組織の形が変わるだけで、やっていることは同じ。その組織だって、「必要なら作ればいいいし、必要なくなったら潰せばいい」程度の距離感です。組織を維持したり、大きくしたりすることに関心がないのです。

ＣＡＮＶＡＳを始めた頃から、「ミュージアムみたいな、決まった活動場所をもったらどうですか？」と、何度もアドバイスされてきました。でも、それはやらないと決めていた。施設をもつと、その運営にエネルギーを奪われてしまうからです。手段が目的化して、本当にやるべきことをやる時間がなくなってしまう。

この20年間、「組織はできるだけ小さく」をモットーにやってきました。必要が出てきたときにプロジェクトを立ち上げ、その都度、人を集めればいいのです。そのほうが固定費は浮くし、身軽に動ける。

そのために、普段から有識者のネットワークを作ったり、地域のネットワークを作ったりという部分には力を注いできました。いざプロジェクト化といったときに、迅速に動けるようにです。

「やりたいこと」を気軽に考えてほしい

私自身がプロジェクト型で仕事をしてきたように、理想を言うなら、学びはプロジェクト型にしていくのがいいと考えています。自分の好きなことを入り口にするほうが、その学びは長続きするし、深くなるからです。

とはいえ、この20年間で痛感しているのは、「やりたいことを見つけるのって、そう簡単じゃないな」ということ。小さいうちに「好きなこと」「やりたいこと」を見つけられた子どもは幸せです。すべての子どもがそういう幸運に恵まれるわけではない。

ときには小学生から、こんな悩みを打ち明けられることがあります。

「大人は『何がやりたいかが大事だ！』『なりたいものになれ！』って言うけど、べつに将来なりたいものが思いつかないんです」

小さなときから将来の職業を思い浮かべられる子なんて、そう多くはないでしょう。「好きなことをやるべきだ」という呪文で、私たち大人は、知らず知らずのうちにプレッシャーをかけてしまっているのかもしれません。

なので、もう少し「好きなこと」「やりたいこと」を気軽に考えてほしい。いろんなことを試してみて、「これ面白い！」と感じて、半年後に「やっぱりやーめた」となってもかまわない。その半年間の経験は決して無駄にはなりません。

デジタルだから、低コストで何でも体験できる

とにかく子どもには、いろんな体験の機会を提供してあげたい。それこそ「好きなこと」「やりたいこと」と出会うキモです。

人間は、自分が得意なものを好きになることもあります。最初は嫌々始めたとしても、だんだん上達するに従い、好きになることがある。なので、とにかく続けさせるというのも、ひとつの選択肢でしょう。「いったん始めたんだから、最後までやり抜きなさい！」という親の言葉は、それはそれで合理性がある。

でも、それと同時に、そんなに苦痛な時間を過ごさせるぐらいなら、別のものを体験させてあげるほうがいいのかな、とも思います。その子の特性にもよるので、どちらが正しいとも言えないのですが。

ただ、いろんな体験をするという意味で、こんなに恵まれた時代はありません。この点でいまの子は幸せだと思います。

例えば子どもが「ピアノをやりたい」と言い出したとき、昔はコストがかかりました。高

価なピアノを買い、ピアノ教室に通い、家で練習するときは音が近所迷惑にならないか気配りも必要だった。場合によっては、ピアノが置ける広い部屋に引っ越すことだってあったかもしれません。

でも、いまの時代、パソコンでピアノがひけるし、ひき方だってユーチューブで学べる。コストが格段に下がっているのです。

ピアノにかぎりません。ありとあらゆることが、低コストで体験できる時代になった。子どもに提示できる選択肢は、ちょっと前までよりケタ違いに多いのです。これもデジタル化の恩恵だといえます。

だから、焦らず、いろんな体験をして、子どもが何に反応するのか見守ってほしいと願っています。「やりたいこと」の敷居を下げて考えれば、いつかその子が夢中になることが見つかるはずです。

子どもとともに親も学び続ける時代

自分自身が親になってみて、いかに子育てが大変な仕事なのか実感しています。これだけの負荷を乗り越えたということで、世の中のすべてのお母さん、お父さんに尊敬の念を抱くようになりました。

それまでだったら「それは、どっちでもいいかな」と感じたであろう質問に対しても、「そうだよねえ。親だったら、そういう細かい部分まで気になっちゃうよねえ」なんて同感するようになった。寛容になったのかもしれません。

ワークショップをやっていても、親目線で考えることが増えました。クリスマスツリーを青く描いたことを親に注意されて、子どもが絵を破り捨てたエピソードはご紹介しました。好きに描かせてあげてほしいとは思いますが、子どもにとって親の満足した顔を見ることも喜びなのだという点も理解できるようになった。

だから、ワークショップで子どもが親好みではないアウトプットを出したとき、それをどう意味づけできるか、なんてことを考えてしまいます。親が納得できるコメントを私ができれば、親は満足し、その顔を見た子どもは幸せになれるからです。

子どもはそれぐらい親の顔色を見ている。だから、大らかな気持ちで、子どもたちの探索の旅に付き合っていただければと思います。あちこち連れ回されたとしても、決して無駄にはなりません。その過程で「学び方を学ぶ」ことができるからです。

かつてのように「このスキルさえ身につければ、一生、安泰だ」なんてものがなくなりました。これから大人になる子どもは、一生のあいだ学び続けないといけない。そういう意味で「何を学んだか」より、「学び方を知っている」ことのほうが重要なのです。「やりたいこと」を探す旅は、それを身につける絶好の機会です。

だから親としても「こうあらねばならない」という予断を捨てて、しなやかに考えてほしい。子どもにさまざまな体験をさせるなかで、親自身が学ぶことだってあるはずです。それも生涯学習時代のひとつの側面なのです。

これからの親には、子どもとともに探索し、子どもとともに悩み、子どもとともに学ぶ役割が求められる。ぜひとも肩の力を抜いて、旅を楽しんでほしいと思います。

（構成　丸本忠之）

石戸奈々子　いしど・ななこ

CANVAS代表、一般社団法人超教育協会理事長、慶應義塾大学教授・博士（政策・メディア）。東京大学工学部卒業後、マサチューセッツ工科大学メディアラボ客員研究員を経て、NPO法人CANVAS、株式会社デジタルえほん、一般社団法人超教育協会等を設立、代表に就任。著書に『デジタル教育宣言』『子どもの創造力スイッチ!』『日本のオンライン教育最前線――アフターコロナの学びを考える』等。

日経プレミアシリーズ｜458

賢《かしこ》い子《こ》はスマホで何《なに》をしているのか

二〇二一年七月八日　一刷

著者　石戸奈々子
発行者　白石　賢
発行　日経BP
日本経済新聞出版本部
発売　日経BPマーケティング
〒一〇五―八三〇八
東京都港区虎ノ門四―三―一二
装幀　ベターデイズ
印刷・製本　凸版印刷株式会社

ISBN 978-4-532-26458-1　Printed in Japan

日経プレミアシリーズ 462

読書をする子は○○がすごい

榎本博明

テストの問題文が理解できない子どもたち。意思疎通がうまくできずに、増える暴力事件。ディスカッション型の学習をしても、発言する内容はお寒いばかり……。読書の効用は語彙力や読解力にとどまらない。子どもが豊かな人生を送るために、いま親としてできることとは何かを説く。

日経プレミアシリーズ 412

伸びる子どもは○○がすごい

榎本博明

我慢することができない、すぐ感情的になる、優先順位が決められない、主張だけは強い……。今の新人に抱く違和感。そのルーツは子ども時代の過ごし方にあった。いま注目される「非認知能力」を取り上げ、想像力の豊かな心の折れない子を育てるためのヒントを示す一冊。

日経プレミアシリーズ 449

若者たちのニューノーマル

牛窪　恵

つながり重視だけど、「密」はイヤ。なりたい職業がないから「起業」。あこがれるのは「一体感」と「昭和の家族」。コロナ禍の若者たちは日々をどう過ごし、何を消費し、将来をどう考えているのか？　親父と息子の入れ替わり物語と、キーワードで読み解く、Z世代の素顔。

日経プレミアシリーズ 453

安いニッポン「価格」が示す停滞

中藤 玲

日本のディズニーランドの入園料は実は世界で最安値水準、港区の年平均所得1200万円はサンフランシスコでは「低所得」に当たる……いつしか物価も給与も「安い国」となりつつある日本。30年間の停滞から脱却する糸口はどこにあるのか。掲載と同時にSNSで爆発的な話題を呼んだ日本経済新聞記事をベースに、担当記者が取材を重ね書き下ろした、渾身の新書版。

日経プレミアシリーズ 441

ひきこもりは〝金の卵〟

柏木理佳

ひきこもり現象をネガティブに捉える必要はない。在宅ワークが定着、自らやりたいことを見つけ、明るく生きていける時代になったのだ。様々な世界で活躍する元ひきこもりたちを取材、生き方・考え方から経済効果まで、新しいライフスタイルとその先に拡がる大きな可能性を描く。

日経プレミアシリーズ 452

超進学校トップ10名物対決

おおたとしまさ

名物授業・名物行事・名物部活など、特徴的な「素顔」を密着取材。東大・京大・国公立大医学部の合格者数（5年間平均）でトップ10に名を連ねる超進学校の、合格実績を支える秘密を明らかにするとともに、「いい学校とはどんな学校か？」という普遍的な問いに迫る。コロナ禍で、学校説明会や文化祭、運動会の見学もままならないなか、中学受験を考える親子にとっても絶好の読み物。

日経プレミアシリーズ 410

新・男子校という選択

おおたとしまさ

「東大合格トップ10の7校は男子校」「徹底的に〝バカ〟になれる」「〝オタク〟系が生き生きできる」……。共学化が進む中、中高を「男」だけで過ごす利点は何か。現役教員や著名出身者の声を紹介しながら、受験ガイドではわからない各校の校風も一挙公開。大好評「男子校という選択」を大幅刷新して「男の園」をさらに徹底解剖する。

日経プレミアシリーズ 411

新・女子校という選択

おおたとしまさ

ジェンダーの壁を超えて、個性や能力を伸ばすには女子校が有利? いじめがある、男性を見る目が磨かれない……など、偏ったイメージがある女子校教育の実態とは。現役教員、著名出身者の声も幅広く紹介しながら、女子校の存在意義、そこで身につけられる価値を読み解く。受験ガイドではわからない各校の校風、教育理念も満載。

日経プレミアシリーズ 425

ハーバードはなぜ日本の「基本」を大事にするのか

佐藤智恵

世界一「長寿企業」が多い日本には、企業が長く存続し、成長していくための知恵が蓄積されているという。イノベーションを起こし続ける仕組み、社会貢献を重んじる経営、人を大切にするリーダーシップ……。なぜ激動の時代の中で、ハーバードは日本企業がずっと大事にしてきた「基本」に注目しているのか。自らもMBAホルダーである著者がハーバードの白熱授業を徹底取材!

日経プレミアシリーズ 423

子供が消えゆく国

藤波 匠

2019年、日本人の出生数が90万人を大きく割り込み、86万人に急減。本格的な人口減少時代に足を踏み入れたことを認識すべきだ。出生数の減少をできるだけ押しとどめ、人口減少による人手不足を逆手にとってチャンスに変える方策を、緻密なデータ分析と実地調査をもとに示す。

日経プレミアシリーズ 429

災害に強い住宅選び

長嶋 修 さくら事務所

想定外の自然災害が毎年のように襲来する時代に、私たちは住まいとどう向き合うべきなのでしょうか。ハザードマップの探し方・読み方に始まり、土地のリスクの見分け方、一戸建てやマンションを購入する際の注意点、減災のための事前対策、万一被害にあってしまった時の対処法まで、不動産のプロたちが徹底的に指南。

日経プレミアシリーズ 450

新型コロナとワクチン 知らないと不都合な真実

峰 宗太郎・山中浩之

ワイドショーやネットには理解不足や誤解に基づく様々な新型コロナの情報があふれている。「知らないと不都合な」ウイルス、ワクチンの知識に絞り、ウイルス免疫学の専門家と素人の対話を通して、自分の頭で考える手がかりを提供する。新型コロナを冷静に、淡々と迎え撃とう。